2026 공무원 시험 대비

실전동형 봉투모의고사

Vol. 2

한국사

▌제1회 ~ 제10회 ▌

2026 공무원 시험 대비

실전동형 봉투모의고사
Vol. 2

한국사

제1회 ~ 제10회

박문각

2026 공무원 시험 대비 실전동형 모의고사
한국사
▌ 제1회 ▌

응시번호	
성 명	

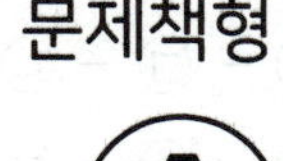
문제책형
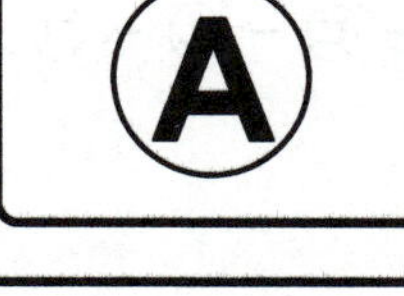

제1과목	국어	제2과목	영어	제3과목	한국사
제4과목		제5과목			

응시자 주의사항

1. **시험시작 전 시험문제를 열람하는 행위나 시험종료 후 답안을 작성하는 행위를 한 사람은 「지방공무원 임용령」 제65조 등 관련 법령에 의거 부정행위자로 처리됩니다.**

2. 시험이 시작되면 문제를 주의 깊게 읽은 후, **문항의 취지에 가장 적합한 하나의 정답만을 고르며,** 문제내용에 관한 질문은 할 수 없습니다.

3. **답안은 문제책 표지의 과목 순서에 따라 답안지에 인쇄된 순서에 맞추어 표기해야 하며, 과목** 순서를 바꾸어 표기한 경우에도 **문제책 표지의 과목 순서대로 채점되므로** 유의하시기 바랍니다.

4. 법령, 고시, 판례 등에 관한 문제는 **2026년 4월 30일 현재 유효한 법령, 고시, 판례 등을 기준**으로 정답을 구해야 합니다. 다만, 개별 과목 또는 문항에서 별도의 기준을 적용하도록 명시한 경우에는 그 기준을 적용하여 정답을 구해야 합니다.

5. **시험시간 관리의 책임은 응시자 본인에게 있습니다.**
   ※ 문제책은 시험종료 후 가지고 갈 수 있습니다.

정답공개 및 이의제기 안내

1. 정답공개 일시: 정답가안 6.20.(토) 13:30 / 최종정답 6.29.(월) 18:00

2. 정답공개 방법: 사이버국가고시센터(www.gosi.kr) ➜ [시험문제 / 정답 → 문제 / 정답 안내]

3. 이의제기 기간: 6.20.(토) 18:00 ~ 6.23.(화) 18:00

4. 이의제기 방법
   ■ 사이버국가고시센터 ➜ [시험문제 / 정답 → 정답 이의제기]
   ■ 구체적인 이의제기 방법은 정답가안 공개 시 공지 예정

박문각

한 국 사

1. 다음 역사적 사건들을 순서대로 바르게 나열한 것은?

> ㉠ 무신 정권이 무너지고 개경으로 환도하였다.
> ㉡ 화약 무기를 사용하여 진포 해전에서 승리하였다.
> ㉢ 몽골군이 귀주를 공격하였으나 박서가 굳게 지켰다.
> ㉣ 강조는 거란의 침입에 맞서 싸웠으나 포로가 되어 처형당했다.

① ㉢ - ㉣ - ㉠ - ㉡
② ㉣ - ㉡ - ㉠ - ㉢
③ ㉣ - ㉢ - ㉠ - ㉡
④ ㉣ - ㉢ - ㉡ - ㉠

2. 밑줄 친 '이 시기'에 대한 설명으로 옳은 것은?

> 이 시기의 사람들은 평등한 생활을 하면서 부족 사회를 이루었다. 주로 강가나 바닷가에 마을을 이루어 정착하여 살았으며, 돌보습과 돌낫 같은 간석기를 사용하였다.

① 철제 농기구의 사용이 보편화되었다.
② 움집의 형태는 원형이 일반적이었다.
③ 슴베찌르개를 만들어 동물을 사냥하였다.
④ 민무늬 토기와 미송리식 토기를 사용하였다.

3. 다음 인물에 대한 설명으로 옳지 않은 것은?

> 성은 김씨이고, 아버지는 제47대 헌안왕이며, 어머니는 헌안왕의 후궁이었다고 전해지는데, 혹자는 48대 경문왕의 아들이라고도 하였다. … 북원의 도적 양길에게 의탁하였다. 양길이 잘 대우하며 군사를 나누어 주자 동쪽으로 땅을 점령하였다.

① 후백제를 세웠다.
② 미륵불을 자처하였다.
③ 신라에 대한 적개심이 강하였다.
④ 송악에서 철원으로 도읍을 옮겼다.

4. 다음 (가)에 대한 설명으로 옳은 것은?

> '거북아 거북아 머리를 내놓아라. 그렇지 않으면 구워서 먹으리라.'라고 노래를 하자 자줏빛 보자기에 싸여 하늘로부터 내려온 금색 상자 안에서 황금알 여섯 개가 나왔다. 이 중 가장 먼저 알에서 깨어난 김수로가 　(가)　을/를 건국하였다.

① 신라 진흥왕의 공격으로 멸망하였다.
② 관산성 전투에서 국왕이 전사하였다.
③ 박, 석, 김씨가 교대로 왕위를 계승하였다.
④ 해상 교역을 통해 우수한 철을 수출하였다.

5. 밑줄 친 문화재에 대한 설명으로 옳지 않은 것은?

> 『삼국유사』의 기록에 의하면 '신라 경덕왕 10년에 김대성이 현생의 부모를 위해서는 불국사를 짓고 전생의 부모를 위해서는 석불사(석굴암)를 짓기 시작했는데, 그가 완성을 하지 못하고 죽자 혜공왕 10년에 나라가 주관하여 완성하였다.'라고 전해지고 있다.

① 석가탑과 다보탑이 있다.
② 몽골의 침입으로 소실되었다.
③ 유네스코 세계 문화유산으로 등재되었다.
④ 부처가 사는 이상적인 세계를 표현하였다.

6. 발해의 발전 과정을 순서대로 바르게 나열한 것은?

> ㉠ 길림성의 동모산 근처에 도읍을 정하였다.
> ㉡ 신라와의 상설 교통로인 신라도를 개설하였다.
> ㉢ 산둥 지방에 수군을 보내 당나라를 공격하였다.
> ㉣ 대부분의 말갈족을 복속시켰으며, 신라와 국경을 접하였다.

① ㉠ - ㉡ - ㉢ - ㉣
② ㉠ - ㉢ - ㉡ - ㉣
③ ㉡ - ㉠ - ㉢ - ㉣
④ ㉢ - ㉡ - ㉣ - ㉠

7. 밑줄 친 '이 왕'의 업적으로 옳은 것은?

> 이 왕 때 울진 봉평 신라비를 건립하였다. 울진 봉평 신라비에는 '신라 육부'가 새겨져 있어, 당시 국왕이 6부의 대표자나 귀족들과 함께 국가 중대사를 논의했음을 알 수 있다.

① 이사부를 보내 우산국을 정복하였다.
② 백제 비유왕과 나·제 동맹을 맺었다.
③ 화랑도를 국가적인 조직으로 개편하였다.
④ 이차돈의 순교를 계기로 불교를 공인하였다.

8. 다음 (가) 국가에 대한 설명으로 옳은 것은?

> (가) 은/는 우리가 본래 모르던 나라입니다. 잘 알지 못하는데 공연히 타인의 권유로 불러들였다가 그들이 재물을 요구하고 우리의 약점을 알아차려 어려운 청을 하거나 과도한 경우를 떠맡긴다면 장차 이에 어떻게 응할 것입니까?

① 불법으로 거문도를 점령하였다.
② 일본과 톈진 조약을 체결하였다.
③ 운요호를 보내 강화도를 공격하였다.
④ 서양 국가 중 최초로 통상 조약을 체결하였다.

9. (가)~(라) 시기에 들어갈 역사적 사실로 옳은 것은?

(가)	(나)	(다)	(라)
인조 즉위　숙종 즉위　영조 즉위　순조 즉위　철종 즉위			

① (가) - 홍경래가 반란을 일으켰다.
② (나) - 계획 도시인 화성을 건설하였다.
③ (다) - 법전인 『대전통편』을 편찬하였다.
④ (라) - 균역법을 시행하여 군역의 부담을 줄였다.

10. (가)에 대한 설명으로 옳은 것은?

> (가) , 사간원, 홍문관의 3사는 언론 기구로서 여론을 형성하여 국가의 정책 결정에 영향을 미쳤다. 3사의 관원들은 벼슬이 높지 않으나 학문과 덕망이 높은 사람이 주로 임명되어 나중에 판서나 정승 등 고위 관직에 오르는 경우가 많았다.

① 관리의 부정을 감찰하였다.
② 국왕 직속의 특별 사법 기관이다.
③ 왕의 자문에 대비하고 경연을 주관하였다.
④ 임진왜란을 계기로 그 기능이 크게 확대되었다.

11. 다음 시기에 전개된 역사적 사실로 가장 옳지 못한 것은?

> "공노비나 사노비가 양인 처를 맞이하여 낳은 자식은 아들·딸을 가리지 않고 모두 어미의 신분을 따르도록 하자는 것은 예전부터 논의했던 것인데 시행하지 못하였습니다. … "라는 상소가 올라오자, 왕은 공·사노비의 양인 처 소생은 한결같이 어미의 신분을 따르게 하는 법을 세우라고 명하였다.

① 풍속화, 민화 등이 유행하였다.
② 김정호가 「대동여지도」를 만들었다.
③ 원각사지 10층 석탑이 건립되었다.
④ 『발해고』, 『해동역사』 등이 편찬되었다.

12. 빈칸에 들어갈 국왕의 업적으로 옳은 것은?

> 두 차례에 걸친 왕자의 난을 통하여 개국 공신 세력을 몰아 내고 왕위에 오른 ○○은/는 왕권을 강화하고 국왕 중심의 통치 체제를 정비하고자 하였다. 사병을 없애고 국왕의 친위 군사를 늘렸으며, 세금과 군역을 확보하기 위해 양전 사업과 호구 파악에 노력하였다.

① 5위제를 확립하였다.
② 집현전을 육성하였다.
③ 유향소를 부활하였다.
④ 6조 직계제를 실시하였다.

13. 밑줄 친 '전시과'에 대한 설명으로 옳은 것은?

> 비로소 직관(職官)·산관(散官)의 각 품의 <u>전시과</u>를 제정하였는데 관품의 높고 낮은 것은 논하지 않고 다만 인품만 가지고 전시과의 등급을 결정하였다.

① 경기 8현에 한하여 지급되었다.
② 지급 대상을 현직 관리로 제한하였다.
③ 4색 공복을 기준으로 등급을 나누었다.
④ 조선 개국 세력의 경제적 기반이 되었다.

14. 밑줄 친 인물의 저서로 옳은 것은?

> <u>그는</u> 현실의 변화에 주목하여 성리학을 이해하려 하였다. 조세 제도 등 통치 체제의 개혁 방안을 제시했으며,『동호문답』등의 저술을 남겼다. 또한, 경제적 상부 상조에 역점을 둔 향약(해주 향약, 서원향약)을 만들어 보급하였다.

①『전습록변』
②『성학집요』
③『성학십도』
④『주자서절요』

15. 밑줄 친 '개혁'의 내용으로 옳은 것은?

> 일본의 간섭 아래 흥선 대원군이 섭정을 맡고 김홍집을 중심으로 한 개화파 정부가 수립되었다. 이들은 군국기무처를 설치하고, 갑신정변 때의 개혁안과 동학 농민군의 요구를 수용하면서 <u>개혁</u>을 추진하였다.

① 노비 제도를 폐지하였다.
② 통리기무아문을 설치하였다.
③ 화폐 정리 사업을 추진하였다.
④ 시위대와 진위대의 병력을 늘렸다.

16. 다음 민족 운동에 대한 설명으로 옳지 않은 것은?

> 보아라! 우리의 먹고 입고 쓰는 것이 거의 다 우리의 손으로 만든 것이 아니었다. 이것이 세상에 제일 무섭고 위태한 일인 줄을 오늘에야 우리는 깨달았다. 피가 있고 눈물이 있는 형제 자매들아, 우리가 서로 붙잡고 서로 의지하여 살고서 볼 일이다.

① 조만식 등이 중심이 되었다.
② 평양에서 시작되어 전국으로 확대되었다.
③ '내 살림 내 것으로'라는 표어를 내걸었다.
④ 대한 자강회를 비롯한 단체들이 참여하였다.

17. 다음 법령이 적용된 시기에 전개된 역사적 사실로 옳은 것은?

> 회사가 본령이나 본령에 따라 나오는 명령과 허가 조건을 위반하거나 공공질서와 선량한 풍속에 반하는 행위를 할 때 조선 총독은 사업의 정지, 지점의 폐쇄 또는 회사의 해산을 명할 수 있다.

① 창씨개명 조치가 시행되었다.
② 헌병 경찰 제도를 실시하였다.
③ 소학교 명칭을 국민학교로 바꾸었다.
④ 공출 제도를 실시하여 각종 물자를 공출하였다.

18. 밑줄 친 인물들이 속한 단체에 대한 설명으로 옳은 것은?

> <u>김상옥</u>은 독립 투사들을 체포하고 모진 고문을 가하는 데 앞장 섰던 종로 경찰서에 폭탄을 던지는 의거를 하였다. 또한, <u>나석주</u>는 한국의 토지를 빼앗으면서 경제적 착취를 자행하였던 동양 척식 주식회사에 폭탄을 던졌다.

① 임병찬을 중심으로 한 조직이었다.
② '조선 혁명 선언'을 행동 지침으로 삼았다.
③ 1910년대 국내에서 비밀리에 활동하였다.
④ 암태도 소작 쟁의를 주도적으로 이끌었다.

19. 다음 자료에서 설명하고 있는 신문의 이름은?

> 서재필이 창간한 이 신문은 대중을 계몽하여 근대화를 촉진하려는 한글판과, 외국인에게 우리의 처지를 홍보하는 영문판으로 발행되었다.

① 한성순보
② 독립신문
③ 황성신문
④ 대한매일신보

20. 다음 민주화 운동에 대한 설명으로 옳은 것은?

> 19○○년 △△월 △△일 서울대 학생 박종철 군은 치안본부 남영동 대공 분실에 연행되었다. 경찰의 발표에 따르면, 오전 10시 50분쯤부터 수사관의 심문을 받기 시작, 11시 20분쯤 수사관이 수배된 선배의 소재를 물으면서 책상을 세게 두드리는 순간 의자에 앉은 채 갑자기 '윽' 하는 소리를 지르며 쓰러졌다고 하였다.

① 양원제 국회와 내각 책임제의 개헌이 이루어졌다.
② 신군부는 이를 진압하고자 공수 부대를 투입하였다.
③ 전두환 정부 때 전국적으로 전개된 민주화 운동이다.
④ 학생과 시민들이 굴욕적인 한 · 일 회담에 반대하였다.

2026 공무원 시험 대비 실전동형 모의고사
한국사
▌ 제2회 ▐

응시번호

성 명

문제책형

A

제1과목	국어	제2과목	영어	제3과목	한국사
제4과목		제5과목			

응시자 주의사항

1. **시험시작 전 시험문제를 열람하는 행위나 시험종료 후 답안을 작성하는 행위를 한 사람**은 「지방공무원 임용령」 제65조 등 관련 법령에 의거 **부정행위자**로 처리됩니다.

2. 시험이 시작되면 문제를 주의 깊게 읽은 후, **문항의 취지에 가장 적합한 하나의 정답만을 고르며**, 문제내용에 관한 질문은 할 수 없습니다.

3. **답안은 문제책 표지의 과목 순서에 따라 답안지에 인쇄된 순서에 맞추어 표기**해야 하며, 과목 순서를 바꾸어 표기한 경우에도 **문제책 표지의 과목 순서대로 채점**되므로 유의하시기 바랍니다.

4. 법령, 고시, 판례 등에 관한 문제는 **2026년 4월 30일 현재 유효한 법령, 고시, 판례 등을 기준**으로 정답을 구해야 합니다. 다만, 개별 과목 또는 문항에서 별도의 기준을 적용하도록 명시한 경우에는 그 기준을 적용하여 정답을 구해야 합니다.

5. **시험시간 관리의 책임은 응시자 본인에게 있습니다.**
   ※ 문제책은 시험종료 후 가지고 갈 수 있습니다.

정답공개 및 이의제기 안내

1. 정답공개 일시: 정답가안 6.20.(토) 13:30 / 최종정답 6.29.(월) 18:00

2. 정답공개 방법: 사이버국가고시센터(www.gosi.kr) ➜ [시험문제 / 정답 → 문제 / 정답 안내]

3. 이의제기 기간: 6.20.(토) 18:00 ~ 6.23.(화) 18:00

4. 이의제기 방법
   ■ 사이버국가고시센터 ➜ [시험문제 / 정답 → 정답 이의제기]
   ■ 구체적인 이의제기 방법은 정답가안 공개 시 공지 예정

박문각

한국사

1. 밑줄 친 '이 시대'에 대한 설명으로 옳은 것은?

> 고인돌은 이 시대의 대표적인 무덤으로, 규모가 큰 것은 덮개돌이 수십 톤이 되는 것도 있다. 이 정도 규모의 무덤을 만들기 위해서는 수많은 사람들이 동원되었을 것이므로, 이러한 무덤을 통하여 당시의 사회 조직을 짐작할 수 있다.

① 토테미즘 등 원시 신앙이 출현하였다.
② 주먹 도끼와 찍개·긁개 등을 사용하였다.
③ 마을 주변에 도랑을 파고 목책을 둘렀다.
④ 농경이 시작되어 조, 수수 등을 재배하였다.

2. 밑줄 친 인물에 대한 설명으로 옳은 것은?

> 그가 왕에게 아뢰기를, "… 지금 유교와 불교는 흥하는데 도교는 아직 성하지 않으니, … ." 왕이 그러하다고 여기고 표(表)를 올려 도교를 요청했다. 이에 당 태종이 도사 8명과 함께 노자(老子)의 『도덕경』을 보내주었다.

① 황산벌에서 백제군을 물리쳤다.
② 매소성에서 당군을 격파하였다.
③ 천리장성의 축조를 감독하였다.
④ 고구려 부흥 운동을 지원하였다.

3. 다음 역사서에 대한 설명으로 옳은 것은?

> 대체로 성인은 예악으로써 나라를 일으키고 … 괴이하고 신비한 것은 말하지 않는 것이다. … 삼국의 시조가 모두 신비스러운 데서 탄생하였다는 것이 무엇이 괴이하랴. 이것이 신이(神異)로써 이 책의 앞머리를 삼은 까닭이다.

① 기전체 형식으로 서술되었다.
② 단군의 건국 이야기를 수록하였다.
③ 동명왕의 업적을 칭송한 영웅 서사시이다.
④ 유교적 합리주의 사관에 입각한 역사서이다.

4. 제시된 자료와 관련된 국왕 때의 사실로 옳은 것은?

> 6조는 모든 직무를 먼저 의정부에 여쭈어 의논하고, 의정부는 가부를 헤아린 뒤에 왕에게 아뢰어 왕의 전지를 받아 6조에 내려보내어 시행한다. 다만, 이조·병조의 제수, 병조의 군사 업무, 형조의 사형수의 판결 등은 직접 아뢰어 시행하고 바로 의정부에 보고한다.

① 창덕궁을 건설하였다.
② 4군 6진을 개척하였다.
③ 김종직 등 사림을 등용하였다.
④ 수신전과 휼양전을 폐지하였다.

5. 신라의 골품제에 대한 설명으로 옳은 것은?
① 6두품은 갈문왕에 봉해질 수 있었다.
② 진골은 관등 승진에서 중위제를 적용받았다.
③ 6두품은 1관등 이벌찬까지 승진할 수 있었다.
④ 진골은 중앙 관부의 최고 책임자를 독점하였다.

6. 빈칸에 들어갈 국왕의 업적으로 옳은 것은?

> ○○왕 16년, 내외 관료의 월봉을 없애고 다시 녹읍을 내려주었다. 　　　　　　　　　　　　　　　－『삼국사기』

① 김흠돌의 반란을 진압하였다.
② 백성들에게 정전을 지급하였다.
③ 국학을 설치하여 유학을 교육하였다.
④ 지방 지역의 명칭을 중국식으로 고쳤다.

7. 조선 후기의 군사 제도에 대한 설명으로 옳지 않은 것은?

① 국왕의 친위 부대인 장용영을 설치하였다.

② 훈련도감은 좌군, 우군, 초군으로 구성되었다.

③ 효종 때 북벌을 추진하면서 어영청을 강화하였다.

④ 숙종 때 금위영이 설치되어 5군영 체제가 완성되었다.

8. 다음 건의를 받아들인 왕 때의 사실로 옳지 않은 것은?

> 우리 태조께서 통일하신 후에 외관을 두고자 하셨으나, 대개 초창기였으므로 일이 번잡하여 미처 그럴 겨를이 없었습니다. 이에 제가 보건대 향리 토호들이 늘 공무를 빙자하여 백성들을 침해하고 학대하므로 백성들이 명령을 감당하지 못하니, 청하건대 외관을 두시옵소서.

① 상평창을 설치하였다.

② 국자감을 설치하였다.

③ 개경에 나성을 쌓았다.

④ 노비환천법을 실시하였다.

9. 밑줄 친 '지도'에 대한 설명으로 옳지 않은 것은?

> '혼일강리역대국도지도'는 세계 지도로, 조선 전기의 세계관이 반영되었다. 혼일은 중화와 오랑캐를 아우른다는 뜻으로, 혼일강리는 전 세계를 의미한다. 그리고 중앙에 중국을 가장 크게 그린 것이 특징이다.

① 조선 태종 때 제작되었다.

② 유럽, 아프리카, 중국 등이 그려져 있다.

③ 거리를 알 수 있도록 10리마다 눈금을 표시하였다.

④ 현존하는 세계 지도 중 동양에서는 가장 오래된 것이다.

10. 밑줄 친 '이 시기'에 볼 수 있는 모습으로 적절한 것은?

> 이 시기에 서울 서대문에서 청량리 사이를 오가는 전차가 운행되기 시작하였다. 전차 운영은 한성 전기 회사에서 담당하였다. 전차는 많은 사람들의 환영을 받았지만 크고 작은 사고도 끊이지 않았다. 개통식이 있던 날에는 전차 송전선을 끊었다고 지목된 두 사람이 재판 과정도 없이 처형되기도 하였다.

① '5불가소'를 올리는 최익현

② 우정국 개국 축하연에 참석한 알렌

③ '대한국 국제'를 공포하는 고종 황제

④ 당오전 발행을 건의하는 묄렌도르프

11. 밑줄 친 국왕이 추진한 정책으로 옳은 것은?

> 백제의 왕 명농이 관산성을 공격하였다. 각간 우덕과 이찬 탐지 등이 맞서 싸웠으나 전세가 불리하였다. 신주의 군주 김무력이 주의 군사를 이끌고 나아가 교전하였다.

① 미륵사를 건립하였다.

② 중앙에 6개의 좌평을 두었다.

③ 금강 유역의 웅진으로 천도하였다.

④ 국호를 남부여로 고치며 중흥을 꾀하였다.

12. 밑줄 친 ㉠~㉢에 대한 설명으로 옳은 것은?

> 최충은 목종 8년에 과거에 장원 급제했으며, 현종 때 ㉠한림원의 학사, ㉡예부의 시랑 등의 관직을 역임하였다. … 문종이 즉위한 후, ㉢문하시중에 임명되었다.

① ㉠은 추밀과 승선으로 구성되었다.

② ㉠은 관원 임명시 동의권을 행사하였다.

③ ㉡은 화폐·곡식의 출납, 회계의 일을 맡았다.

④ ㉢은 국정을 총괄한 중서문하성의 수장이었다.

13. 다음 (가) 제도에 대한 설명으로 옳은 것은?

> 임진왜란 이후에 우의정 유성룡도 역시 미곡을 거두는 것이 편리하다고 주장하였으나, 일이 성취되지 못하였다. 1608년에 이르러 좌의정 이원익의 건의로 [(가)] 을/를 비로소 시행하였다.

① 토지 결수를 과세 기준으로 삼았다.
② 토지 비옥도에 따라 여섯 등급으로 나누었다.
③ 농민의 군포 부담을 1년에 1필로 줄여 주었다.
④ 풍흉에 관계없이 1결당 4두~6두를 부과하였다.

14. 다음 역사적 사실들을 일어난 순서대로 바르게 나열한 것은?

> ㉠ 정부와 농민군은 전주 화약을 체결하였다.
> ㉡ 논산에서 남ㆍ북접의 동학군이 집결하였다.
> ㉢ 일본은 군대를 동원하여 경복궁을 점령하였다.
> ㉣ 농민군이 황토현에서 전라도 감영군을 격파하였다.

① ㉠ - ㉢ - ㉣ - ㉡
② ㉠ - ㉣ - ㉢ - ㉡
③ ㉣ - ㉠ - ㉢ - ㉡
④ ㉣ - ㉢ - ㉡ - ㉠

15. 다음 조약에 대한 설명으로 옳은 것은?

> 강화도 조약에 이어 몇 달 뒤 체결되었다. 양곡의 무제한 유출을 가능하게 한 규정과 일본 정부에 소속된 선박은 항세를 납부하지 않는다는 규정이 들어 있었다.

① 『조선책략』의 영향을 받았다.
② 방곡령 선포권이 박탈되었다.
③ 갑신정변을 계기로 체결되었다.
④ 일본이 조선 해안을 측량하도록 허가했다.

16. 다음 역사가와 그의 저술이 바르게 짝지어진 것은?

> ㉠ 정인보 – 한국통사
> ㉡ 신채호 – 조선상고사
> ㉢ 안재홍 – 5천 년간 조선의 얼
> ㉣ 백남운 – 조선봉건사회경제사

① ㉠, ㉡   ② ㉡, ㉢
③ ㉡, ㉣   ④ ㉢, ㉣

17. 밑줄 친 '이 사건'이 일어난 지역에 대한 설명으로 옳은 것은?

> 이 사건은 1947년 3ㆍ1절 기념식 참가자들의 가두시위를 경찰들이 경찰서 습격으로 잘못 판단하여 발포한 사건이 계기가 되어 일어났다. 이후 단독 총선거에 반대하는 봉기를 진압하는 과정에서 수많은 민간인이 피해를 입었다. 이와 관련하여 2000년에 이 사건의 진상을 규명하기 위해 특별법이 제정되기도 했으며, 2025년에는 유네스코 세계 문화유산으로 등재되었다.

① 병인양요가 발발하였다.
② 김헌창이 반란을 일으켰다.
③ 조선왕조실록 사고가 세워졌다.
④ 원나라가 탐라총관부를 설치하였다.

18. 임시 정부에 대한 설명으로 옳은 것을 모두 고르면?

> ㉠ 재정 확보를 위해 전환국을 설치하였다.
> ㉡ 비밀 행정 조직인 연통부를 운영하였다.
> ㉢ 의병들을 모아 13도 창의군을 결성하였다.
> ㉣ 중국 국민당 정부를 따라 충칭으로 이동하였다.

① ㉠, ㉡   ② ㉡, ㉢
③ ㉡, ㉣   ④ ㉢, ㉣

19. 밑줄 친 '새로운 정책'의 내용으로 옳은 것은?

> 신임 총독은 전임 총독이 시행한 정책에 대신해 <u>새로운 정책</u>을 실시하였다고 말한다. … 신임 총독의 정책 중에서 그나마 주목할 만한 것이 있다면 지방 제도를 개정해 일정 금액 이상의 세금을 내는 조선인들에게 선거권을 주고 부 협의회 선거를 처음으로 실시한 것 정도이다. 하지만 그것도 자문 기구에 불과하다.

① 토지 조사국 설치

② 조선 태형령 제정

③ 보통 경찰제 실시

④ 조선 식산 은행 설립

20. 다음 내용을 포함하는 헌법이 제정된 시기로 옳은 것은?

> 제31조 입법권은 국회가 행한다. 국회는 민의원과 참의원으로써 구성한다.
>
> 제53조 대통령과 부통령은 국민의 보통, 평등, 직접, 비밀 투표에 의하여 각각 선거한다.
>
> 부 칙 이 헌법은 공포한 날로부터 시행한다. 단, 참의원에 관한 규정과 참의원의 존재를 전제로 한 규정은 참의원이 구성된 날로부터 시행한다.

	①	②	③	④
6·25 전쟁 발발	휴전 협정 체결	4·19 혁명	5·16 군사 정변	유신 헌법 공포

합격까지
박문각

2026 공무원 시험 대비 실전동형 모의고사
한국사
▌ 제3회 ▌

응시번호

성 명

제1과목	국어	제2과목	영어	제3과목	<u>한국사</u>
제4과목		제5과목			

응시자 주의사항

1. **시험시작 전 시험문제를 열람하는 행위나 시험종료 후 답안을 작성하는 행위를 한 사람은** 「지방공무원 임용령」 제65조 등 관련 법령에 의거 **부정행위자로** 처리됩니다.

2. 시험이 시작되면 문제를 주의 깊게 읽은 후, **문항의 취지에 가장 적합한 하나의 정답만을 고르며**, 문제내용에 관한 질문은 할 수 없습니다.

3. **답안은 문제책 표지의 과목 순서에 따라 답안지에 인쇄된 순서에 맞추어 표기해야 하며**, 과목 순서를 바꾸어 표기한 경우에도 **문제책 표지의 과목 순서대로 채점되므로** 유의하시기 바랍니다.

4. 법령, 고시, 판례 등에 관한 문제는 **2026년 4월 30일 현재 유효한 법령, 고시, 판례 등을 기준**으로 정답을 구해야 합니다. 다만, 개별 과목 또는 문항에서 별도의 기준을 적용하도록 명시한 경우에는 그 기준을 적용하여 정답을 구해야 합니다.

5. **시험시간 관리의 책임은 응시자 본인에게 있습니다.**
※ 문제책은 시험종료 후 가지고 갈 수 있습니다.

정답공개 및 이의제기 안내

1. 정답공개 일시: 정답가안 6.20.(토) 13:30 / 최종정답 6.29.(월) 18:00

2. 정답공개 방법: 사이버국가고시센터(www.gosi.kr) ➡ [시험문제 / 정답 → 문제 / 정답 안내]

3. 이의제기 기간: 6.20.(토) 18:00 ~ 6.23.(화) 18:00

4. 이의제기 방법
   ■ 사이버국가고시센터 ➡ [시험문제 / 정답 → 정답 이의제기]
   ■ 구체적인 이의제기 방법은 정답가안 공개 시 공지 예정

박문각

한 국 사

1. 밑줄 친 '그'에 대한 설명으로 옳은 것은?

> 그는 왕실의 위엄을 세우기 위해 임진왜란 때 불타버리고 폐허만 남아 있었던 경복궁을 중건하였다. 이때 필요한 비용을 마련하기 위해 원납전을 강제로 징수하고 당백전을 발행하였다.

① 백두산정계비를 세웠다.
② 삼정이정청을 설치하였다.
③ 서원 철폐 정책을 추진하였다.
④ 군국기무처 총재를 역임하였다.

2. 다음 역사적 사건과 관련된 내용으로 옳은 것은?

> 구식 군인들이 한동안 밀렸던 급료로 모래와 겨가 섞인 쌀을 받게 되자, 그들의 불만은 일시에 폭발하였다. 이들은 평소에 미워하던 정부의 고관들을 죽이고, 일본 공사관을 공격하였다.

① 전국에 척화비를 세우는 계기가 되었다.
② 혜상공국 폐지 등의 정강을 발표하였다.
③ 보국안민, 제폭구민을 내세워 봉기하였다.
④ 조·청 상민 수륙 무역 장정이 체결되었다.

3. 밑줄 친 '이 단체'에 대한 설명으로 옳은 것은?

> 105인 사건은 일제가 독립운동가를 탄압하기 위해 데라우치 총독 암살 미스 사건을 조작하여 독립운동가들을 체포한 사건으로, 이 단체가 해체되는 원인이 되었다.

① 러시아의 절영도 조차를 반대하였다.
② 독립문과 독립관 건립에 주력하였다.
③ 남만주에 독립운동 기지를 건설하였다.
④ 입헌 군주제 수립을 목표로 활동하였다.

4. 밑줄 친 '이 단체'와 관련된 내용으로 옳은 것은?

> 만주 길림성에서 김원봉, 윤세주 등이 조직한 이 단체는 친일파 암살과 조선 총독부, 경찰서와 같은 식민 지배 기관의 파괴를 활동 목표로 삼았다.

① 민족 혁명당 창당을 주도하였다.
② 국외 거주 동포에게 독립 공채를 발행하였다.
③ 이봉창이 도쿄에서 일왕 히로히토에게 폭탄을 던졌다.
④ 비타협적 민족주의 세력과 사회주의 세력이 연합하였다.

5. 밑줄 친 정책이 추진된 시기에 전개된 역사적 사실로 옳지 않은 것은?

> 1차 세계 대전을 계기로 일본은 공업화를 이루었으며, 이에 따라 도시 인구가 증가하여 식량이 부족해졌다. 일제는 산미 증식 계획을 실시하여 일본 국내의 식량 문제를 해결하려 하였다. 이에 따라 벼 종자를 개량하고 비료 사용을 확대했으며, 농토를 개간하고 밭을 논으로 바꾸었다.

① 자유시 참변이 일어났다.
② 남만주에서 참의부가 조직되었다.
③ 상하이에서 대동단결 선언을 발표하였다.
④ 일제는 만주 군벌과 미쓰야 협정을 맺었다.

6. 밑줄 친 '이 단체'에 대한 설명으로 옳은 것은?

> 임병찬은 의병들을 규합하여 이 단체를 조직하였다. 그는 안으로 의롭고 용감한 사람들을 선발하여 기회를 보아 조선의 독립을 선언하고, 밖으로는 문명 열강의 도움을 받아 독립을 회복하려 하였다.

① 고종의 복위를 목표로 하였다.
② 우리나라 역사상 최초의 공화정 정부이다.
③ 독립군 양성을 위해 신흥 강습소를 설치하였다.
④ 조선 국권 회복단과 풍기 광복단이 제휴하여 결성하였다.

7. 다음 글을 쓴 역사학자에 대한 설명으로 옳은 것은?

> 나라는 없어질 수 있으나 역사는 없어질 수 없으니 그것은 나라는 형체(형)이고 역사는 정신(혼)이기 때문이다. … 정신이 보존되어 없어지지 않으면 형체는 부활할 때가 있을 것이다.

① 진단 학회를 조직하여 한국사 연구에 힘썼다.
② 역사는 아(我)와 비아(非我)의 투쟁이라고 보았다.
③ 『한국독립운동지혈사』를 통해 독립운동을 정리하였다.
④ 한국사가 세계사의 보편 법칙에 따라 발전했다는 점을 강조하였다.

8. 다음 역사적 사실들을 순서대로 바르게 나열한 것은?

> ㉠ 미·소 양군에 의한 군정이 시작되었다.
> ㉡ 미국이 한반도 문제를 유엔에 이관하였다.
> ㉢ 여운형, 김규식 등이 좌·우 합작 7원칙을 발표하였다.
> ㉣ 평양에서 남북 지도자 회의(남북 연석 회의)가 열렸다.

① ㉠ - ㉢ - ㉡ - ㉣
② ㉠ - ㉢ - ㉣ - ㉡
③ ㉢ - ㉠ - ㉡ - ㉣
④ ㉢ - ㉡ - ㉠ - ㉣

9. 다음 나라에 대한 설명으로 옳은 것은?

> 혼인하는 풍속을 보면, 구두로 정해지면 신부집에서 본채 뒤에 작은 별채를 짓는데, 이를 서옥이라 한다.

① 한나라의 공격으로 멸망하였다.
② 10월에 동맹이라는 제천 행사를 열었다.
③ 철이 많이 생산되어 왜, 낙랑 등에 수출하였다.
④ 가축 이름을 딴 마가, 우가 등의 관리가 있었다.

10. 밑줄 친 '왕'의 재위 기간에 있었던 사실로 옳은 것은?

> 왕이 배를 타고 그 산에 들어가니, 용이 검은 옥대(玉帶)를 가져다 바쳤다. … 왕이 행차에서 돌아와 그 대나무로 피리를 만들어 … 이 피리를 불면 적병이 물러가고 병이 나으며, 가뭄에는 비가 오고 장마에는 개며, … 이를 만파식적이라 부르고 나라의 보물이라고 칭하였다.

① '건원'이란 연호를 사용하였다.
② 당나라와 연합하여 백제를 멸망시켰다.
③ 거칠부가 역사서인 『국사』를 편찬하였다.
④ 지방 행정 조직을 9주 5소경 체제로 정비하였다.

11. 다음 (가) 국왕 때의 사실로 옳은 것은?

> (가) 는 일본에 사신 고제덕 등을 보내 "여러 나라를 관장하고 여러 번을 거느리며, 고구려의 옛 땅을 회복하고 부여의 옛 습속을 지니고 있다."라고 하여 강국임을 자부하였다.

① 대흥이라는 연호를 사용하였다.
② 당으로부터 해동성국이라고 불렸다.
③ 일본, 돌궐과 외교 관계를 수립하였다.
④ 중경에서 상경으로, 다시 동경으로 천도하였다.

12. 밑줄 친 '이 나라'에 대한 설명으로 옳은 것은?

> 진흥왕이 이사부에게 명하여 이 나라를 공격하도록 하였다. … 이 나라 사람들이 뜻밖에 군사가 쳐들어오는 것을 보고 놀라 막지 못하였으므로 대군이 승세를 타고 마침내 이 나라를 멸망시켰다.

① 김수로가 건국하였다.
② 낙동강 하류에 위치하였다.
③ 전기 가야 연맹을 주도하였다.
④ 신라 법흥왕과 결혼 동맹을 맺었다.

13. 다음 토지 제도를 실시한 나라의 문화재로 옳은 것은?

> • 내외 관료의 녹읍을 혁파하고 매년 조(租)를 차등 있게 하사
>   하는 것을 영원한 법식으로 삼았다.
> • 처음으로 백성에게 정전을 지급하였다.

① 직지심체요절
② 천상열차분야지도
③ 쌍봉사 철감선사 승탑
④ 영주 부석사 무량수전

14. 다음과 같이 주장한 인물에 대한 설명으로 옳은 것은?

> 제가 보건대 서경 임원역의 땅은 풍수지리를 하는 사람들이 말
> 하는 아주 좋은 땅입니다. 만약 이곳에 궁궐을 짓고 전하께서
> 옮겨 앉으시면 천하를 다스릴 수 있습니다. 또한 금나라가 선물
> 을 바치고 스스로 항복할 것이고 주변의 36개 나라가 모두 머
> 리를 조아릴 것입니다.

① 서경에서 반란을 일으켰다.
② 의종을 폐위하고, 명종을 왕으로 세웠다.
③ 별무반을 이끌고 여진 정벌을 단행하였다.
④ 개경 중심의 문벌 귀족 세력을 대표하였다.

15. 다음 역사적 사실들을 순서대로 바르게 나열한 것은?

> ㉠ 강감찬이 귀주에서 거란군을 크게 물리쳤다.
> ㉡ 처인성 전투에서 김윤후가 살리타를 사살하였다.
> ㉢ 거란이 강조의 정변을 구실로 고려를 침략하였다.
> ㉣ 박위가 왜구의 근거지인 쓰시마섬을 토벌하였다.

① ㉠ - ㉢ - ㉡ - ㉣
② ㉠ - ㉢ - ㉣ - ㉡
③ ㉢ - ㉠ - ㉡ - ㉣
④ ㉢ - ㉡ - ㉠ - ㉣

16. 빈칸에 들어갈 국왕에 대한 설명으로 옳은 것은?

> ○○은/는 즉위하자 곧 규장각을 설치하여 자신의 권력과 정책
> 을 뒷받침할 수 있는 정치 기구로 삼았다. 규장각에 수만 권의
> 책을 갖추어 두고, 젊은 학자들을 모아 학문을 연구하도록 하
> 였다.

① 청계천을 준설하였다.
② 탕평 교서를 발표하였다.
③ 수차례 환국을 일으켰다.
④ 소론과 남인을 중용하였다.

17. 밑줄 친 '이곳'에서 전개된 역사적 사실로 옳지 않은 것은?

> 고구려 시조인 주몽의 아들 유리가 부여에서 졸본으로 주몽을
> 찾아오자, 비류와 온조 형제는 그를 피해 남쪽으로 무리를 이끌
> 고 내려와 각각 미추홀(인천)과 이곳에 자리를 잡았는데, 뒤에
> 비류의 세력이 온조의 세력에 흡수되었다고 한다.

① 북한산비가 건립된 지역이다.
② 암사동 유적지가 발견되었다.
③ 고려 문종 때 남경이 설치되었다.
④ 백제 무령왕릉이 위치한 지역이다.

18. 다음 시기의 경제·사회 모습으로 가장 적절치 못한 것은?

> 편찬 사업이 활발하게 이루어지면서 활자와 인쇄술이 크게 발
> 달하였다. 금속 활자를 더욱 개량하여 계미자, 갑인자 등 정교한
> 활자를 주조하였다. 천문학에서는 혼의, 간의 등 천체 관측 기구
> 와 해시계, 물시계 등이 제작되었다.

① 시전을 감독하는 경시서 관리
② 『농사직설』을 읽고 있는 지방관
③ 수신전을 지급받은 관리의 유가족
④ 벽란도에서 무역을 하는 송나라 상인

19. 다음 (가)에 대한 설명으로 옳은 것은?

> 지난번 (가) 이/가 아뢴 바 천거로 인재를 뽑는 일은 여럿이 의논한 일입니다. 각별히 천거하는 것은 한의 현량과와 효렴과를 따르는 것이 가합니다. 이것은 자주 할 수는 없으나, 지금은 이를 시행할 만한 기회입니다.

① '조의제문'을 지었다.
② 향약의 시행을 주장하였다.
③ 최초의 서원인 백운동 서원을 세웠다.
④ 폐비 윤씨 사건에 연루되어 제거되었다.

20. 다음 자료의 수취 제도와 관련된 내용으로 옳은 것은?

> 양역의 폐단이 심하여 백성들이 살 수 없을 지경이니 이제 군포를 영구히 1필로 감한다. 부족해진 재정은 어장과 선박에 대한 세금을 국가에서 거두어 보충하도록 한다.

① 풍흉에 따라 9등급으로 나누었다.
② 광해군 때 경기도에서 처음 실시되었다.
③ 방납의 폐단을 해결하기 위한 방책이었다.
④ 부유한 양민에게 선무군관포를 내게 하였다.

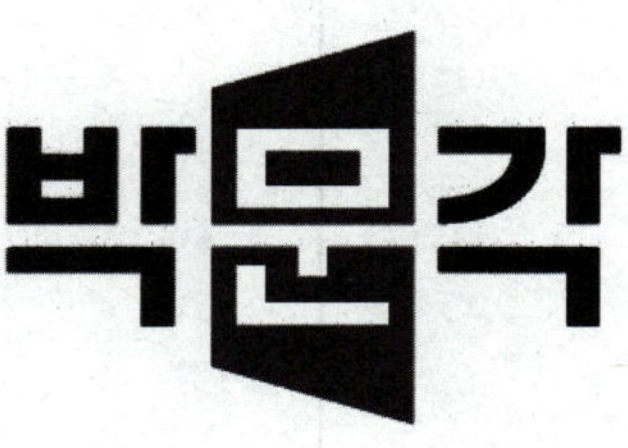

2026 공무원 시험 대비 실전동형 모의고사
한국사
▍ 제4회 ▍

응시번호

성 명

제1과목	국어	제2과목	영어	제3과목	한국사
제4과목		제5과목			

응시자 주의사항

1. **시험시작 전 시험문제를 열람하는 행위나 시험종료 후 답안을 작성하는 행위를 한 사람**은 「지방공무원 임용령」 제65조 등 관련 법령에 의거 **부정행위자로** 처리됩니다.

2. 시험이 시작되면 문제를 주의 깊게 읽은 후, **문항의 취지에 가장 적합한 하나의 정답만을 고르며**, 문제내용에 관한 질문은 할 수 없습니다.

3. **답안은 문제책 표지의 과목 순서에 따라 답안지에 인쇄된 순서에 맞추어 표기해야** 하며, 과목 순서를 바꾸어 표기한 경우에도 **문제책 표지의 과목 순서대로 채점되므로** 유의하시기 바랍니다.

4. 법령, 고시, 판례 등에 관한 문제는 **2026년 4월 30일 현재 유효한 법령, 고시, 판례 등을 기준**으로 정답을 구해야 합니다. 다만, 개별 과목 또는 문항에서 별도의 기준을 적용하도록 명시한 경우에는 그 기준을 적용하여 정답을 구해야 합니다.

5. **시험시간 관리의 책임은 응시자 본인에게 있습니다.**
   ※ 문제책은 시험종료 후 가지고 갈 수 있습니다.

정답공개 및 이의제기 안내

1. 정답공개 일시: 정답가안 6.20.(토) 13:30 / 최종정답 6.29.(월) 18:00

2. 정답공개 방법: 사이버국가고시센터(www.gosi.kr) ➡ [시험문제 / 정답 → 문제 / 정답 안내]

3. 이의제기 기간: 6.20.(토) 18:00 ~ 6.23.(화) 18:00

4. 이의제기 방법
   ■ 사이버국가고시센터 ➡ [시험문제 / 정답 → 정답 이의제기]
   ■ 구체적인 이의제기 방법은 정답가안 공개 시 공지 예정

한 국 사

1. 밑줄 친 '왕' 때의 사실로 옳은 것은?

> 나라 안의 여러 주·군에서 공물과 조세를 보내지 않아 … 왕이
> 사자를 보내 독촉하였다. 이로 말미암아 도적들이 곳곳에서 벌
> 떼처럼 일어났다. … 왕이 나마(奈麻) 영기에게 명하여 이들을
> 붙잡아 오도록 하였다.

① 병부를 설치하였다.
② 집사부를 설치하였다.
③ 사치 금지령이 반포되었다.
④ 최치원이 개혁안을 건의하였다.

2. 다음 자료의 국가에 대한 설명으로 옳지 않은 것은?

> 좌장군이 패수 위의 군사를 격파하고, 이에 군대를 전진하여 왕
> 검성 아래까지 이르렀고 그 성의 서북 방면을 포위하였다. 누선
> 장군 또한 가서 좌장군의 군대와 만나 성의 남쪽에 주둔하였다.
> 우거왕이 끝까지 성을 굳게 지키니 수개월이 지나도 성을 함락
> 시킬 수 없었다.

① 상(相)이라는 관직이 있어 국무를 관장하였다.
② 준왕이 부왕(否王)으로부터 왕위를 물려받았다.
③ 사회 질서의 유지를 위해 범금 8조를 만들었다.
④ 대가들이 사자, 조의, 선인 등의 관리를 거느렸다.

3. 밑줄 친 '왕'의 업적으로 옳은 것은?

> 양나라 고조가 조서를 보내 왕을 책봉하여 다음과 같이 말하였
> 다. "… 백제 왕 여융은 해외에서 번병(藩屏)을 지키며 멀리 와서
> 조공을 바치니 그의 정성이 지극하여 짐은 이를 가상히 여긴다.
> … 사지절 도독 백제제군사 영동대장군으로 봉함이 가하다."

① 불교를 수용하였다.
② 한강 유역을 탈환하였다.
③ 지방에 22담로를 설치하였다.
④ 신라의 대야성을 공격하였다.

4. 다음에서 설명하고 있는 서적을 고르면?

> 문종 원년에 정인지 등이 기전체로 된 이 책을 완성하였다. 종
> (宗)이나 폐하(陛下) 등의 칭호를 그대로 사용한 것을 통해 국
> 가의 자주성을 드러내고 있다. 그리고 고려 국왕들을 본기가 아
> 닌 세가로 분류했으며, 우왕·창왕을 열전으로 격하시켜 폐가입
> 진의 명분을 강조하였다.

① 『사략』
② 『고려사』
③ 『동국통감』
④ 『해동역사』

5. (가) 조직이 존재한 나라에 대한 내용으로 옳은 것은?

> (가) 은/는 원시 사회의 청소년 집단에서 기원하였다. 이 조
> 직은 귀족 자제 중에서 선발된 화랑을 지도자로 삼고, 귀족은
> 물론 평민까지 망라한 많은 낭도가 그를 따랐다. 여러 계층이
> 같은 조직 속에서 일체감을 가지고 활동함으로써 계층 간의 대
> 립과 갈등을 조절, 완화하는 구실도 하였다.

① 상수리 제도를 실시하였다.
② 지방을 5방으로 정비하였다.
③ 대대로가 국정을 총괄하였다.
④ 인안, 대흥 등의 연호가 사용되었다.

6. (가)와 (나) 사이의 역사적 사실로 옳지 않은 것은?

> (가) 서희는 소손녕과 회담하여 고려가 고구려의 후계자임을
> 　　알리고, 북방 지역의 교통로를 확보하면 거란과 교류하겠
> 　　다고 약속하였다.
> (나) 고려는 여진이 9성을 돌려 달라고 요구하고, 9성 간의 거
> 　　리가 멀어 방어하는 데 어려움이 있어 9성을 돌려주었다.

① 사학 12도가 성행하였다.
② 『삼국사기』가 편찬되었다.
③ 개정 전시과를 시행하였다.
④ 초조대장경을 조판하였다.

7. 다음 역사적 사건과 관련된 내용으로 옳은 것은?

> 어른과 아이와 공사천민은 모두 이 격문을 들어라. 무릇 관서는
> 기자와 단군 시조의 옛터로, 훌륭한 인물이 넘친다. … 그러나
> 조정에서 서토(西土)를 버림이 분토(糞土)나 다름없이 한다.

① 백정 출신인 임꺽정이 주도하였다.
② 삼정이정청이 설치되는 계기가 되었다.
③ 서북 지방에 대한 차별 대우가 원인이 되었다.
④ 전봉준이 사발통문을 돌리면서 봉기를 호소하였다.

8. 다음 시기의 가족 제도에 대한 설명으로 옳지 못한 것은?

> 박유가 왕의 행차를 호위하고 따라 갔는데 어떤 노파가 박유를
> 손가락질하면서 "첩을 두자고 청한 자가 바로 저 빌어먹을 늙은
> 이다."라고 하였다. 이 소리를 들은 사람들이 연이어 손가락질
> 하니 길거리에 붉은 손가락들이 두름을 엮어 놓은 것 같았다.
> … 결국 시행되지 못하였다.

① 양자를 들이는 것이 일반화되었다.
② 태어난 차례대로 호적에 기재하였다.
③ 여성의 재가는 비교적 자유롭게 이루어졌다.
④ 결혼 후 남자가 처가에서 오랜 기간 생활하였다.

9. 다음 인물에 대한 설명으로 옳은 것은?

> 그는 이미 계를 범하고 설총을 낳은 후로는 속인의 옷을 바꾸어
> 입고 스스로 소성거사라 일컬었다. … 무애가라는 노래를 지어
> 세상에 퍼뜨렸다. … 가난하고 무지몽매한 무리까지도 모두 부
> 처의 호를 알게 되었고, 모두 나무아미타불을 부르게 되었다.

① 불국사를 건립하였다.
② 화쟁 사상을 주장하였다.
③ 『왕오천축국전』을 남겼다.
④ 대국통으로 계율종을 개창하였다.

10. 다음 서적들을 편찬 순서대로 바르게 나열한 것은?

> ㉠ 『무예도보통지』가 편찬되었다.
> ㉡ 이수광이 『지봉유설』을 저술하였다.
> ㉢ 관찬 백과사전으로 『동국문헌비고』가 편찬되었다.
> ㉣ 서유구는 『임원경제지』라는 농촌 생활 백과사전을 저술하였다.

① ㉠ - ㉡ - ㉢ - ㉣
② ㉡ - ㉢ - ㉠ - ㉣
③ ㉡ - ㉢ - ㉣ - ㉠
④ ㉢ - ㉡ - ㉠ - ㉣

11. 다음 시기의 정치 상황으로 가장 적절한 것은?

> 임꺽정은 양주 백정으로, 성품이 교활하고 날래고 용맹스러웠
> 다. 그 무리 수십 명이 함께 다 날래고 빨랐는데, 도적이 되어
> 민가를 불사르고 소와 말을 빼앗고, 만약 항거하면 몹시 잔혹하
> 게 사람을 죽였다. 경기도와 황해도의 아전과 백성들이 임꺽정
> 무리와 은밀히 결탁하여, 관에서 잡으려 하면 번번이 먼저 알려
> 주었다.

① 문정 왕후가 수렴청정하였다.
② 심의겸과 김효원이 갈등을 빚었다.
③ 서인이 반정을 일으켜 정권을 장악하였다.
④ 수양 대군이 단종을 내쫓고 왕위에 올랐다.

12. 다음 교서를 발표한 국왕의 업적으로 가장 적절한 것은?

> 임금과 신하는 부자(父子)와 같으니 아비에게는 여러 아들이
> 있는데, … 한쪽은 억제하고 한쪽만 취한다면 그 마음이 편안하
> 겠는가, 불안하겠는가? … 저 귀양을 간 사람들은 의금부로 하
> 여금 그 경중을 참작해 대신과 더불어 어전에서 나를 만날 때
> 억울함이 없게 하고, 이조와 병조에서는 탕평(蕩平)하게 거두어
> 쓰라.

① 서원을 대폭 정리하였다.
② 초계문신제를 실시하였다.
③ 허적, 윤휴 등 남인을 중용하였다.
④ 삼남 지방에서 양전 사업을 완료하였다.

13. 다음 (가)~(다)에 대한 설명으로 옳은 것은?

> (가) 경기·충청·전라·경상·함경 5도 연해 중에서 통상에 편리한 항구 두 곳을 택하여 지정한다.
> (나) 무역을 목적으로 조선국에 오는 미국 상인 및 상선은 모든 수출입 상품에 대하여 관세를 지불해야 한다.
> (다) 일본국 국민은 본국에서 사용되는 화폐로 조선국 국민이 보유하고 있는 물자와 마음대로 교환할 수 있다.

① (가)는 영사 재판권이 규정된 불평등 조약이다.
② (나)는 임으군란 이후에 체결되었다.
③ (다)의 체결로 방곡령의 선포가 가능해졌다.
④ 체결된 순서는 (가) → (나) → (다) 순이다.

14. 다음 기구가 설치된 이후에 전개된 역사적 사실로 옳지 않은 것은?

> 총재 1명, 부총재 1명 그리고 16명에서 20명 사이의 회의원으로 구성되었다. 이 밖에 2명 정도의 서기관이 있어서 활동을 도왔고, 또 회의원 중 3명이 기초 위원으로 선정되어 의안의 작성을 책임졌다. 총재는 영의정 김홍집이 겸임하고 부총재는 내아문 독판으로 회의원인 박정양이 겸임하였다.

① 명성 황후(민씨)가 시해되었다.
② 청·일 전쟁에서 일본이 승리하였다.
③ 고종이 러시아 공사관으로 피신하였다.
④ 정부는 교정청을 세워 개혁에 착수하였다.

15. 다음 빈칸에 들어갈 단체에 대한 설명으로 옳은 것은?

> 조선 민족 운동의 중추 기관이 되려는 사명을 띠고 창립되었던 ○○○이/가 비로소 첫 번째 전체 대회를 개최하였다. 그러나 간신히 열리는 전체 대회에서 해소 문제 토의를 최대 의제로 하게 된 것은 조선의 현 상황이 아니고서는 보기 어려운 기현상이다.

① 정우회 선언을 발표하였다.
② 민족의 단결과 정치적 각성을 촉구하였다.
③ 중추원을 개편하여 의회를 만들고자 하였다.
④ 비밀 결사 단체로, 양기탁·안창호 등이 중심이 되었다.

16. 다음 주장과 관련된 의병 활동에 대한 설명으로 옳지 않은 것은?

> • 태황제를 복위시켜라.
> • 군대 시설의 자유를 회복하라.
> • 일본인을 관리로 임명하지 말라.

① 13도 창의군을 결성하였다.
② 전라도에서 최익현이 봉기하였다.
③ 홍범도가 이끄는 의병 부대가 활약하였다.
④ 해산 군인을 비롯하여 다양한 계층이 참여하였다.

17. 다음 법령이 제정된 시기의 사실로 옳은 것은?

> 토지 소유주는 조선 총독이 정하는 기간 내에 주소, 씨명, 명칭 및 소유지의 소재, 지목, 자번호, 사표, 등급, 지적, 결수를 임시 토지 조사국장에게 신고해야 한다. 단, 국유지는 보관 관청이 임시 토지 조사국장에게 통지해야 한다.

① 교사가 제복과 칼을 착용하였다.
② 조선일보 등 한글 신문이 발행되었다.
③ 일본 상품들에 대한 관세를 철폐하였다.
④ 치안 유지법으로 독립운동이 탄압받았다.

18. (가)에 대한 설명으로 옳지 않은 것은?

> 1937년 일제가 중·일 전쟁을 일으켜 중국 본토를 위협하자, 대한민국 임시 정부에서는 각처에 흩어져 있던 무장 투쟁 세력을 모아 충칭에서 (가) 을/를 창설하였다.

① 미국 전략 정보국과 연합하였다.
② 대전자령 전투에서 대승을 거두었다.
③ 조선 의용대의 병력을 흡수·통합하였다.
④ 일부 병력을 인도·미얀마 전선에 보냈다.

19. 다음과 같이 주장한 역사학자에 대한 설명으로 옳은 것은?

> 누구나 어릿어릿하는 사람을 보면 '얼'빠졌다고 하고, … '얼' 하나의 있고 없음으로서 그 광대·웅맹함이 혹 저렇기도 하고 그 잔루·구차함이 이렇기도 하니, '얼'에 대하여 명찰통조함을 실로 거론하기 어렵다 할 수도 있다.

① 신채호의 민족주의 사관을 계승하였다.
② 동아일보에 『조선사연구초』를 연재하였다.
③ 나라는 형체이고, 역사는 정신이라고 여겼다.
④ 신간회의 부회장을 지냈고, 조선어 학회 활동을 하였다.

20. 밑줄 친 '헌법'의 시행 시기에 전개된 역사적 사실로 옳은 것은?

> 이 헌법은 한 사람의 집권자가 긴급 조치라는 형식적인 법 절차와 권력 남용으로 양보할 수 없는 국민의 기본 인권과 존엄성을 억압하였다. 그리고 이러한 권력 남용에 형식적인 합법성을 부여하고자 … 입법, 사법, 행정 3권을 한 사람의 집권자에게 집중시키고 있다.

① 4·19 혁명이 일어났다.
② 장면 정권이 수립되었다.
③ 3·1 민주 구국 선언을 발표하였다.
④ 이승만이 제헌 국회 의원으로 당선되었다.

합격까지

박문각

2026 공무원 시험 대비 실전동형 모의고사
한국사
▌ 제5회 ▌

응시번호

성 명

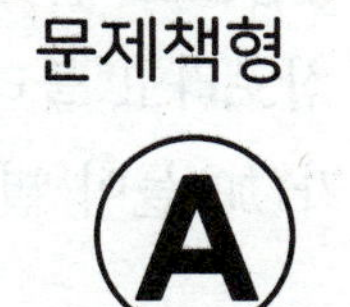

제1과목	국어	제2과목	영어	제3과목	한국사
제4과목		제5과목			

응시자 주의사항

1. **시험시작 전 시험문제를 열람하는 행위나 시험종료 후 답안을 작성하는 행위를 한 사람**은 「지방공무원 임용령」 제65조 등 관련 법령에 의거 **부정행위자**로 처리됩니다.

2. 시험이 시작되면 문제를 주의 깊게 읽은 후, **문항의 취지에 가장 적합한 하나의 정답만을 고르며**, 문제내용에 관한 질문은 할 수 없습니다.

3. **답안은 문제책 표지의 과목 순서에 따라 답안지에 인쇄된 순서에 맞추어 표기해야** 하며, 과목 순서를 바꾸어 표기한 경우에도 **문제책 표지의 과목 순서대로 채점되므로** 유의하시기 바랍니다.

4. 법령, 고시, 판례 등에 관한 문제는 **2026년 4월 30일 현재 유효한 법령, 고시, 판례 등을 기준**으로 정답을 구해야 합니다. 다만, 개별 과목 또는 문항에서 별도의 기준을 적용하도록 명시한 경우에는 그 기준을 적용하여 정답을 구해야 합니다.

5. **시험시간 관리의 책임은 응시자 본인에게 있습니다.**
   ※ 문제책은 시험종료 후 가지고 갈 수 있습니다.

정답공개 및 이의제기 안내

1. 정답공개 일시: 정답가안 6.20.(토) 13:30 / 최종정답 6.29.(월) 18:00

2. 정답공개 방법: 사이버국가고시센터(www.gosi.kr) ➡ [시험문제 / 정답 → 문제 / 정답 안내]

3. 이의제기 기간: 6.20.(토) 18:00 ~ 6.23.(화) 18:00

4. 이의제기 방법
   ■ 사이버국가고시센터 ➡ [시험문제 / 정답 → 정답 이의제기]
   ■ 구체적인 이의제기 방법은 정답가안 공개 시 공지 예정

박문각

한 국 사

1. 다음 자료의 나라에 대한 설명으로 옳은 것은?

> 그 나라의 토지는 오곡(五穀)이 자라기에는 적당하지만, 오과(五果)는 생산되지 않는다. … 그 나라 사람들은 가축을 잘 기른다. 명마와 적옥 담비와 원숭이 가죽 및 아름다운 구슬이 산출되는데, 구슬 가운데 큰 것은 대추만 하다.

① 한나라의 침략을 받아 멸망하였다.
② 혼인 풍습으로 민며느리제가 있었다.
③ 읍군, 삼로라고 불리는 군장이 있었다.
④ 여러 가(加)들이 별도로 사출도를 다스렸다.

2. (가)와 (나) 사이에 들어갈 역사적 사실로 옳지 않은 것은?

> (가) 왕규가 광주원군을 옹립하려고 도모하였다. 왕이 깊이 잠든 틈을 타서 그의 무리로 하여금 침실에 잠입시켜 왕을 해하려 하였다.
> (나) 왕이 교서를 내려 말하기를, "경전에 통하고 전적을 널리 읽은 자들을 선발하여 경학박사와 의학박사로 삼아 12목에 각각 1명씩 파견하여 돈독하게 가르치고 깨우치게 하라."라고 하였다.

① 후주 출신인 쌍기를 중용하였다.
② 광덕, 준풍 등의 연호를 사용하였다.
③ 경순왕 김부를 사심관으로 임명하였다.
④ 광군을 조직하여 거란의 침입을 대비하였다.

3. 다음 시기에 집권하고 있었던 발해 국왕에 대한 설명으로 옳은 것은?

> 발해의 영토 확장에 위협을 느끼고 있던 흑수 말갈은 당나라에 접근하였다. 이에 발해는 당과 전쟁을 벌이게 되었고, 당은 이 전쟁에 신라를 끌어들였다. 신라는 병력을 보내 발해를 공격하려 했으나 추의와 폭설 때문에 부득이 철수하였다.

① 연호를 건흥이라 하였다.
② 황상이라는 칭호를 사용하였다.
③ 중국 산둥 지방에 수군을 보냈다.
④ 3성 6부의 중앙 관제를 정비하였다.

4. 밑줄 친 (가), (나)에 대한 설명으로 옳지 않은 것은?

> 대야성에서 패하였을 때 도독인 품석의 아내도 죽었는데, 바로 춘추의 딸이었다. (가)김춘추가 말하기를, "신이 고구려에 사신으로 가서 군사를 청하여 백제에 원수를 갚고자 합니다."라고 하자 (나)왕이 허락하였다.

① (가)는 백제를 멸망시켰다.
② (나)는 우리나라 최초의 여왕이다.
③ (가)는 최초의 진골 출신 국왕이다.
④ (나)는 당항성을 쌓아 중국과 교역하였다.

5. 고려의 토지 제도에 대한 설명이다. (가)와 (나)에 대한 설명으로 옳은 것은?

> (가) 5품 이상 고위 관리에게 지급한 토지이다.
> (나) 지방의 행정 실무를 담당한 향리에게 지급한 토지이다.

① (가) : 노동력의 징발도 허용되었다.
② (가) : 문벌 귀족의 경제적 기반이 되었다.
③ (나) : 지방의 관청 경비에 지급된 토지이다.
④ (나) : 군역이 세습됨에 따라 자손에게 세습되었다.

6. 다음 사건이 있었던 국왕 때의 사실로 옳은 것은?

> 선전관 이용준 등이 정여립을 토벌하기 위하여 급히 전주에 내려갔다. 무리들과 함께 진안 죽도에 숨어있던 정여립은 군관들이 체포하려 하자 자결하였다.

① 이괄의 반란군이 도성을 점령하였다.
② 사림 세력은 동인과 서인으로 나누어졌다.
③ 외척 세력인 윤임과 윤원형이 대립하였다.
④ 명의 요청으로 강홍립의 부대를 파병하였다.

7. 밑줄 친 '왕'의 재위 기간에 있었던 사실로 옳은 것은?

> 안향은 학교가 날로 쇠퇴함을 근심하여 건의하기를, "재상의 직무는 인재를 교육하는 것보다 급한 것이 없습니다. 지금 양현고가 바닥나 인재를 기를 수 없으니 … 섬학전을 두어 양현고를 보충하도록 합시다."라고 하였다. 왕이 이를 허락하여 곡식을 내어주었다.

① 개경에 정동행성이 설치되었다.
② 원나라 연호 사용을 폐지하였다.
③ 화주에 쌍성총관부가 설치되었다.
④ 각염법을 만들어 소금의 전매를 시행하였다.

8. 다음 특징을 가진 문화유산은?

> 조선 시대의 왕실의 혼례, 장례, 제사, 행차, 잔치, 책봉 등 국가 의식에 대해 기록하였다. 행사의 주요 장면과 주요 도구를 총천연색(원색)으로 그려 넣었다. 필요에 따라 행사의 가장 중요한 행렬은 반차도를 통해 표현했으며, 국왕의 열람을 위해 특별 제작된 어람용을 따로 만들었다.

① 일성록
② 승정원일기
③ 조선왕조의궤
④ 조선 왕조 어보와 어책

9. 밑줄 친 '이 시기'의 경제 상황으로 옳은 것은?

> 이 시기에는 해, 달, 나무, 꽃, 동물, 물고기 등을 소재로 삼은 민화가 유행하였다. 서민들은 부귀영화 등을 기원하기 위해 민화를 사서 집을 꾸몄다.

① 사원 수공업이 발달하였다.
② 2년 3작의 윤작법이 전래되었다.
③ 울산항이 국제 무역항으로 번성하였다.
④ 독점적 도매 상인인 도고가 활동하였다.

10. (가)에 들어갈 정치 기구에 대한 설명으로 옳지 않은 것은?

> 대관은 관리를 감찰하는 업무를 맡은 관리, 간관은 왕에게 간언을 올리는 관리를 지칭한다. 고려 시대에는 이들을 합쳐 대간이라고 하였다. 그에 반해 조선 시대에는 　(가)　이/가 언론의 기능을 담당하여 언관이라고도 하였다.

① 청요직이라고 불렸다.
② 외교 문서를 작성하였다.
③ 서경·간쟁 등의 권한을 행사하였다.
④ 이조전랑은 (가)에 대한 인사권을 행사하였다.

11. 다음 정책들을 시행한 국왕의 재위 기간에 있었던 일은?

> • 대동법을 경상도와 황해도 지방까지 확대했다.
> • 상평통보를 법화로 제정하고 전국적으로 유통시켰다.

① 나선 정벌이 단행되었다.
② 이인좌가 반란을 일으켰다.
③ 이조전랑의 권한을 약화시켰다.
④ 여러 차례 환국이 발생하였다.

12. 밑줄 친 인물에 대한 설명으로 옳은 것은?

> 그의 자(字)는 사능이요, 호(號)는 단원이다. … 산수, 인물, 꽃과 나무, 새와 짐승을 그려 신묘한 경지에 이르지 않은 것이 없었는데, 신선을 그린 것이 가장 뛰어났다. … 도화서 화원으로 있었는데 매양 한 폭씩 올릴 때마다 왕의 마음에 들었다.
> － 『이향견문록』

① '대동여지도'를 만들었다.
② '인왕제색도', '금강전도'를 그렸다.
③ 농민의 일상 생활을 사실적으로 그렸다.
④ 고금의 필법을 연구하여 추사체를 완성하였다.

13. 다음 상소의 원인이 된 조약에 대한 설명으로 옳은 것은?

> 일본이 러시아에 선전포고한 이후 우리의 독립과 영토를 보전한다고 몇 번이나 말하였지만, 그것은 우리나라의 이익을 빼앗아 차지하려는 것이었습니다. … 지금까지 군주의 위치가 아직 바뀌지 않았고 백성도 아직 죽지 않았으며 각국 공사도 아직 돌아가지 않았습니다. 그리고 조약서가 다행히 폐하의 인준과 참정의 인가를 받은 것이 아니니 저들이 가지고 있는 것은 역적들이 억지로 만든 헛된 조약에 불과합니다.

① 이 조약에 따라 대한 제국은 국권을 상실하였다.
② 일본은 고종을 퇴위시키고 이 조약을 강요하였다.
③ 러·일 전쟁 발발 직후에 강제로 체결된 조약이다.
④ 이 조약에 따라 이토 히로부미가 초대 통감으로 부임하였다.

14. 밑줄 친 '이 지역'에서 전개된 사실로 옳은 것은?

> 1908년 장인환, 전명운이 일본의 한국 침략을 정당화하는 스티븐스를 사살한 의거가 일어났다. 이를 계기로 이 지역 한인들의 민족 운동에 대한 관심이 고조되었고 여러 독립운동 단체를 통합하려는 움직임이 일어났다. 그 결과 대한인 국민회가 결성되었다.

① 신한촌이 건설되었다.
② 권업신문이 발간되었다.
③ 신흥 무관 학교가 세워졌다.
④ 안창호가 흥사단을 조직하였다.

15. 밑줄 친 인물에 대한 설명으로 옳은 것은?

> 나는 23살 때 조선에 왔소. 고종에게 네덜란드 헤이그에서 열린 만국 평화 회의에 밀사를 파견할 것을 건의했고, 고종의 비밀 특사로 미국을 방문하여 고종의 친서를 전달하고 일본의 침략 저지를 호소했지요.

① 배재 학당을 세웠다.
② 한반도 중립화론을 주장하였다.
③ 육영 공원의 교사로 활동하였다.
④ 갑신정변 때 민영익을 치료하였다.

16. (가)~(다)에 들어갈 내용으로 가장 적절치 못한 것은?

> <흥선 대원군의 삼정의 문란을 개혁하기 위한 노력>
> 1. 목적 : 농촌 사회 안정, 국가 재정 확충 도모
> 2. 내용
> 　① 전정(전세 징수) : ________(가)________
> 　② 군정(군포 징수) : ________(나)________
> 　③ 환정(환곡 운영) : ________(다)________

① (가) : 양전 사업을 실시하였다.
② (가) : 토지 대장에서 누락된 땅을 찾아냈다.
③ (나) : 양반에게 군포를 징수하였다.
④ (다) : 당백전이라는 고액 화폐를 발행하였다.

17. 밑줄 친 '이 부대'에 대한 설명으로 옳은 것은?

> 중국 한커우에서 이 부대가 조직되었다. 부대는 1개 총대, 3개 분대로 편성되었는데 100여 명의 대원은 대부분 조선 민족 혁명당원이다. 총대장은 황포 군관 학교 제4기 출신인 진국빈이며, 부대는 대일 선전 공작과 대일 유격전을 수행함을 목적으로 하였다.

① 총사령관 양세봉이 지휘하였다.
② 조선 의용대의 일부 병력이 합류하였다.
③ 청산리에서 일본군에 맞서 대승을 거두었다.
④ 중국 관내에서 최초로 결성된 무장 독립군 부대이다.

18. 다음 자료를 활용한 탐구 활동으로 가장 적절한 것은?

> 조선인들이 생산한 쌀을 일본으로 반출할 때 결코 자신들이 충분히 소비하고 남은 것을 수출하는 것이 아니다. 생계가 곤란하여 먹을 것을 먹지 못하고 파는 것이다. … 만주산 잡곡의 수입이 증가하는 사실은 조선인의 식량 사정이 점점 어려워지고 있음을 보여 준다.

① 화폐 정리 사업의 결과를 분석한다.
② 산미 증식 계획의 실상을 조사한다.
③ 토지 조사 사업의 추진 과정을 파악한다.
④ 국채 보상 운동이 일어난 원인을 알아본다.

19. 다음 내용을 저술한 인물에 대한 설명으로 옳은 것은?

> 우리 조선의 역사적 발전의 전 과정은 가령 지리적 조건, 인종
> 학적 골상, 문화 형태의 외형적 특징 등 다소의 차이는 인정되
> 더라도, 다른 문화 민족의 역사적 발전 법칙과 구별되어야 하는
> 독자적인 것이 아니다. 세계사적인 일원론적 역사 법칙에 의해
> 다른 민족과 거의 같은 궤도로 발전 과정을 거쳐왔다.

① 조선 혁명 선언을 작성하였다.
② 식민 사관의 정체성론을 비판하였다.
③ 3·1 운동 때 불교계 대표로 참여하였다.
④ 유교 구신론에서 유교의 개혁을 주장하였다.

20. 다음 헌법이 적용되었던 시기에 대한 설명으로 옳은 것은?

> 제31조 입법권은 국회가 행한다. 국회는 민의원과 참의원으로
> 　　　 써 구성한다.
> 제53조 대통령과 부통령은 국민의 보통, 평등, 직접, 비밀 투표
> 　　　 에 의하여 각각 선거한다.

① 3대 총선에서 자유당이 압승하였다.
② 국회에서 반민족 행위 처벌법이 제정되었다.
③ 대통령에 윤보선, 국무총리에 장면이 선출되었다.
④ 내각 책임제를 골자로 하는 3차 개헌을 추진하였다.

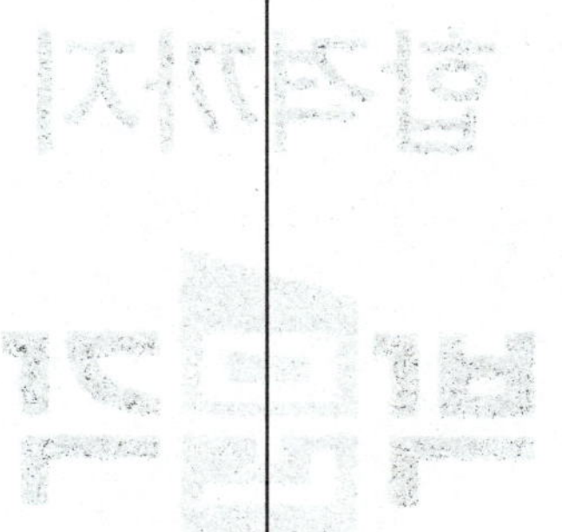

2026 공무원 시험 대비 실전동형 모의고사
한국사
▌제6회 ▐

<table>
<tr><td>응시번호</td></tr>
<tr><td>성 명</td></tr>
</table>

문제책형

제1과목	국어	제2과목	영어	제3과목	한국사
제4과목		제5과목			

응시자 주의사항

1. **시험시작 전 시험문제를 열람하는 행위나 시험종료 후 답안을 작성하는 행위를 한 사람은** 「지방 공무원 임용령」 제65조 등 관련 법령에 의거 **부정행위자로** 처리됩니다.

2. 시험이 시작되면 문제를 주의 깊게 읽은 후, **문항의 취지에 가장 적합한 하나의 정답만을 고르며**, 문제내용에 관한 질문은 할 수 없습니다.

3. **답안은 문제책 표지의 과목 순서에 따라 답안지에 인쇄된 순서에 맞추어 표기해야 하며**, 과목 순서를 바꾸어 표기한 경우에도 **문제책 표지의 과목 순서대로 채점되므로** 유의하시기 바랍니다.

4. 법령, 고시, 판례 등에 관한 문제는 **2026년 4월 30일 현재 유효한 법령, 고시, 판례 등을 기준**으로 정답을 구해야 합니다. 다만, 개별 과목 또는 문항에서 별도의 기준을 적용하도록 명시한 경우에는 그 기준을 적용하여 정답을 구해야 합니다.

5. **시험시간 관리의 책임은 응시자 본인에게 있습니다.**
   ※ 문제책은 시험종료 후 가지고 갈 수 있습니다.

정답공개 및 이의제기 안내

1. 정답공개 일시: 정답가안 6.20.(토) 13:30 / 최종정답 6.29.(월) 18:00

2. 정답공개 방법: 사이버국가고시센터(www.gosi.kr) ➜ [시험문제 / 정답 → 문제 / 정답 안내]

3. 이의제기 기간: 6.20.(토) 18:00 ~ 6.23.(화) 18:00

4. 이의제기 방법
   ■ 사이버국가고시센터 ➜ [시험문제 / 정답 → 정답 이의제기]
   ■ 구체적인 이의제기 방법은 정답가안 공개 시 공지 예정

박문각

한 국 사

1. (가)~(라) 시기에 들어갈 사실로 옳지 않은 것은?

	(가)	(나)	(다)	(라)	
고구려의 국내성 천도		고구려의 평양 천도	백제의 웅진 천도	백제의 사비 천도	신라의 삼국 통일

① (가) – 백제는 일본 왕에게 칠지도를 하사하였다.
② (나) – 고구려는 신라를 도와 왜를 격퇴하였다.
③ (다) – 신라는 이사부를 보내 우산국을 정복하였다.
④ (라) – 김춘추의 활약으로 나·당 동맹이 체결되었다.

2. 다음 시기에 볼 수 있는 모습으로 옳은 것은?

> 귀족은 국가에서 준 토지와 곡물 이외에 물려받은 토지, 노비,
> 목장, 섬도 가지고 있었다. 또한 귀족은 당이나 아라비아에서 수
> 입한 비단, 양탄자, 유리그릇, 귀금속 등 사치품을 사용하였다.

① 목화 재배가 전국으로 확대되었다.
② 경시서를 두어 상행위를 감독하였다.
③ 청해진을 설치하여 해적을 소탕하였다.
④ 삼한통보, 해동통보 등의 동전을 만들었다.

3. 우리나라 유네스코 세계 유산에 대한 설명으로 옳지 않은
것은?
① 미륵사지에는 목탑 양식의 석탑이 있다.
② 무령왕릉은 중국의 영향을 받은 벽돌무덤이다.
③ 가야 고분군에는 석촌동 돌무지무덤 등이 있다.
④ 울주 대곡리 반구대 암각화는 고래 잡는 사람, 호랑이, 사슴 등이
새겨진 바위 그림이다.

4. 다음 시기의 문화에 대한 설명으로 옳지 않은 것은?

> 5월에 조서를 내리기를 "개경 내의 사람들이 역질에 걸렸으니
> 마땅히 구제도감을 설치하여 이들을 치료하고, 또한 시신과 유골
> 은 거두어 묻어서 비바람에 드러나지 않게 할 것이며, 신하를 보
> 내어 동북도와 서남도의 굶주린 백성을 진휼하라."라고 하였다.

① 청화 백자가 많이 만들어졌다.
② 경천사지 10층 석탑이 건립되었다.
③ 상감법이라는 독자적 기술이 개발되었다.
④ 주심포 양식의 부석사 무량수전이 건립되었다.

5. 다음 서적들을 편찬 순서대로 바르게 나열한 것은?

> ㉠ 『의방유취』　　　　　㉡ 『동의보감』
> ㉢ 『마과회통』　　　　　㉣ 『향약구급방』

① ㉠ – ㉡ – ㉣ – ㉢
② ㉠ – ㉣ – ㉡ – ㉢
③ ㉣ – ㉠ – ㉡ – ㉢
④ ㉣ – ㉠ – ㉢ – ㉡

6. 다음 (가)의 업적으로 옳은 것은?

> 발해 무왕이 당나라의 등주를 공격하자, 당나라는 신라에 지원
> 을 요청하였고 신라의 ┌─(가)─┐ 은/는 이에 응하였다. 이를 계기
> 로 당과의 관계를 회복하여 대동강 이남의 영토에 대한 지배권
> 을 당으로부터 정식으로 인정받았다.

① 첨성대를 세웠다.
② 정전을 지급하였다.
③ 율령을 반포하였다.
④ 9서당을 설치하였다.

7. 다음 시기에 집권했던 국왕 때의 역사적 사실로 옳은 것은?

> 서인은 왕과 사대부의 예가 같아야 한다는 이유로 조대비가 상복을 1년 입어야 한다고 주장했으나, 남인은 왕과 사대부의 예가 같을 수 없다는 이유로 조대비가 3년복을 입어야 한다고 주장했다.

① 무오사화, 갑자사화가 일어났다.
② 조광조 등 사림 세력을 중용하였다.
③ 두 차례의 예송 논쟁이 발생하였다.
④ 동인이 북인과 남인으로 나뉘어졌다.

8. 다음 자료에서 설명하고 있는 신분 계층은?

> 이들은 법제상으로는 문·무과 응시가 가능하였다. 조선 후기에 들어와 서울 주변 지역에서 시사를 조직하여 문학 활동을 전개하였다. 그리고 청요직 허통을 요구하는 소청 운동을 전개했으나, 결국 실패하였다.

① 서얼   ② 중인
③ 노비   ④ 신량역천

9. 밑줄 친 인물에 대한 설명으로 옳은 것은?

> 하루는 문종이 여러 아들에게 "누가 승려가 되어 부처를 공양하고 공덕을 닦겠느냐?"라고 물었다. 그러자 왕후가 일어나 "신이 승려가 될 뜻이 있지만, 오직 임금께서 명령하시는 대로 하겠습니다."라고 대답했다.

① 교장을 간행하였다.
② 정혜쌍수를 주장하였다.
③ 유불 일치설을 주장하였다.
④ 『십문화쟁론』을 저술하였다.

10. 조선의 관리 선발 제도에 대한 설명으로 옳은 것을 모두 고르면?

> ㉠ 과거는 제술업, 명경업 등으로 나뉜다.
> ㉡ 대과(문과)의 합격자는 홍패를 받았다.
> ㉢ 5품 이상의 관료의 자손에게 음서의 혜택을 주었다.
> ㉣ 소과의 초시는 각 도의 인구 비율에 따라 합격자를 뽑았다.

① ㉠, ㉡   ② ㉠, ㉢
③ ㉡, ㉢   ④ ㉡, ㉣

11. 대한민국 임시 정부에 대한 설명으로 옳지 않은 것은?
① 기관지로 독립신문을 발행하였다.
② 미국에 구미 위원부를 설치하였다.
③ 초대 대통령으로는 김구가 임명되었다.
④ 연통제와 교통국을 통해 국내와 연락하였다.

12. 밑줄 친 '그'에 대한 설명으로 옳은 것은?

> 그는 사병 조직인 도방을 부활하여 경호를 강화했으며, 반대 세력을 철저히 탄압하였다. 한편, 왕에게 봉사 10조를 올려 개혁을 건의하였으나, 그 자신도 토지와 노비를 늘리고 어장 등 경제적으로 중요한 지역을 독점하여 정권 유지에 필요한 재원을 확충하였다.

① 의종을 폐위시켰다.
② 야별초를 조직하였다.
③ 교정도감을 설치하였다.
④ 서경에서 반란을 일으켰다.

13. 구석기 시대에 대한 설명으로 옳지 않은 것은?
① 농경과 목축이 처음으로 시작되었다.
② 동굴이나 바위 그늘에서 주로 거주하였다.
③ 뗀석기를 가지고 사냥과 채집 활동을 하였다.
④ 모든 사람이 평등한 공동체적 생활을 하였다.

14. 다음 정책들을 순서대로 바르게 나열한 것은?

> ㉠ 단발령을 시행하였다.
> ㉡ 은 본위 화폐 제도를 실시하였다.
> ㉢ 양지아문을 설치하여 양전 사업을 추진하였다.
> ㉣ 개혁의 중심 기구로 통리기무아문을 설치하였다.

① ㉠ – ㉣ – ㉡ – ㉢
② ㉡ – ㉣ – ㉠ – ㉢
③ ㉢ – ㉡ – ㉠ – ㉣
④ ㉣ – ㉡ – ㉢ – ㉠

15. 다음 조약 체결 이후에 전개된 사실로 옳지 않은 것은?

> 제3국의 침해나 혹은 내란으로 인하여 대한 제국의 황실 안녕과 영토 보전에 위험이 있을 경우에는 대일본 제국 정부는 속히 임기응변의 필요한 조치를 행할 것이며, 그리고 대한 제국 정부는 대일본 제국 정부의 행동이 용이하도록 충분히 편의를 제공할 것. 대일본 제국 정부는 전항(前項)의 목적을 성취하기 위하여 군략상 필요한 지점을 임기수용할 수 있을 것

① 순종이 즉위하였다.
② 통감부가 설치되었다.
③ 포츠머스 강화 조약이 체결되었다.
④ 대한 제국이 국외 중립 선언을 발표하였다.

16. 밑줄 친 '이곳'에서 결성된 단체로 옳은 것은?

> 일제가 만주 침략에 이어 중·일 전쟁을 도발하자 일본군이 이곳을 침략하기 위해 한국인을 첩자로 이용한다는 소문이 떠돌기 시작했고 강제 이주의 구실이 되었다. 이곳의 한인들은 두 달 동안 곡식 씨앗과 옷가지, 책 꾸러미들만을 보따리에 싸든 채 화물 열차에 실려 중앙아시아로 끌려갔다.

① 경학사
② 민족 혁명당
③ 대조선 국민군단
④ 대한 광복군 정부

17. 밑줄 친 '이 시기'의 사회 모습으로 가장 적절한 것은?

> 이 시기 총독부는 제1차 조선 교육령을 발표하였다. 이에 따라 한국의 고등 교육을 제한하고, 학교 교육에서 일본어 교육과 천황에 대한 충성심을 기르는 수신 교육을 중시하였다. 한국인의 교육은 보통 교육과 실업 교육을 위주로 하였으며, 보통학교의 수업 연한은 일본보다 짧은 4년으로 하였다.

① 몸뻬를 입고 노동하고 있는 여성들
② 신간회의 활동 기사를 쓰는 신문 기자
③ 조선인에게 태형을 집행하는 헌병 경찰
④ 영화 '아리랑'을 관람하는 모던 보이와 모던 걸

18. 1930년대 무장 독립 투쟁에 대한 설명으로 옳지 않은 것은?
① 상하이에서 한인 애국단이 조직되었다.
② 한국 독립군이 쌍성보에서 일본군을 격파하였다.
③ 천수평과 어랑촌 전투에서 독립군이 승리하였다.
④ 만주에서 양세봉이 지휘하는 조선 혁명군이 활약하였다.

19. 다음 민주화 운동에 대한 설명으로 옳은 것은?

> 정부는 대통령 직선제 개헌을 하지 않겠다는 4 · 13 호헌 조치를 발표하였다. 이후 호헌 조치에 저항하는 시위가 이어졌고, 대학생 이한열이 시위 중에 경찰이 쏜 최루탄에 맞아 쓰러지는 사건이 발생하였다.

① 대통령이 하야하는 결과를 이끌어냈다.
② 5년 단임의 대통령 직선제 개헌이 이루어졌다.
③ 이 사건의 결과, 허정 과도 정부가 구성되었다.
④ 정부 차원에서 진상 조사 보고서를 발간하고 공식 사과하였다.

20. 다음 (가) 왕의 업적으로 옳은 것은?

> (가) 은/는 최승로의 건의를 받아들여, 유교 사상을 고려의 정치를 이끄는 근본 이념으로 삼았다. 또한 3성 6부를 중심으로 한 중앙 집권적 정치 체제를 정비하였다.

① 빈민 구제를 목적으로 흑창을 설치하였다.
② 광덕 · 준풍 등 독자적인 연호를 사용하였다.
③ 전국에 12목을 설치하고, 지방관을 파견하였다.
④ 국자감 안에 서적포를 설치하여 책을 인쇄하였다.

2026 공무원 시험 대비 실전동형 모의고사
한국사
▌ 제7회 ▐

응시번호

성 명

문제책형

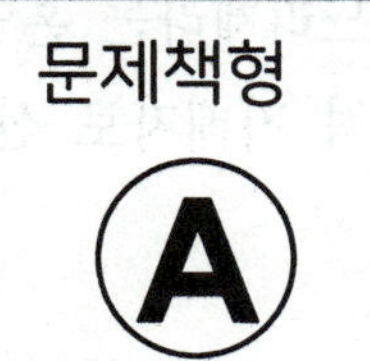

제1과목	국어	제2과목	영어	제3과목	한국사
제4과목		제5과목			

응시자 주의사항

1. **시험시작 전 시험문제를 열람하는 행위나 시험종료 후 답안을 작성하는 행위를 한 사람은** 「지방공무원 임용령」 제65조 등 관련 법령에 의거 **부정행위자로** 처리됩니다.

2. 시험이 시작되면 문제를 주의 깊게 읽은 후, **문항의 취지에 가장 적합한 하나의 정답만을 고르며**, 문제내용에 관한 질문은 할 수 없습니다.

3. **답안은 문제책 표지의 과목 순서에 따라 답안지에 인쇄된 순서에 맞추어 표기해야 하며**, 과목 순서를 바꾸어 표기한 경우에도 **문제책 표지의 과목 순서대로 채점되므로** 유의하시기 바랍니다.

4. 법령, 고시, 판례 등에 관한 문제는 **2026년 4월 30일 현재 유효한 법령, 고시, 판례 등을 기준**으로 정답을 구해야 합니다. 다만, 개별 과목 또는 문항에서 별도의 기준을 적용하도록 명시한 경우에는 그 기준을 적용하여 정답을 구해야 합니다.

5. **시험시간 관리의 책임은 응시자 본인에게 있습니다.**
   ※ 문제책은 시험종료 후 가지고 갈 수 있습니다.

정답공개 및 이의제기 안내

1. 정답공개 일시: 정답가안 6.20.(토) 13:30 / 최종정답 6.29.(월) 18:00

2. 정답공개 방법: 사이버국가고시센터(www.gosi.kr) ➡ [시험문제 / 정답 → 문제 / 정답 안내]

3. 이의제기 기간: 6.20.(토) 18:00 ~ 6.23.(화) 18:00

4. 이의제기 방법
   ■ 사이버국가고시센터 ➡ [시험문제 / 정답 → 정답 이의제기]
   ■ 구체적인 이의제기 방법은 정답가안 공개 시 공지 예정

박문각

한 국 사

1. 다음 자료의 나라에 대한 설명으로 가장 적절한 것은?

> 후(候), 읍군(邑君), 삼로(三老)라는 관직이 있어 하호(下戶)를 다스렸다. … 풍속은 산천을 중요시하여 산과 내마다 각기 구분이 있어서 함부로 들어가지 않는다.

① 1세기 초에 왕호를 사용하였다.
② 무천이라는 제천 행사가 있었다.
③ 민며느리제라는 혼인 풍속이 있었다.
④ 정치적 지배자로 신지, 읍차 등이 있었다.

2. 다음 밑줄 친 '문서'에 대한 설명으로 옳지 않은 것은?

> 신라는 촌락의 토지 크기, 인구 수, 소와 말의 수, 토산물 등을 파악하는 문서를 만들고, 조세, 공물, 부역 등을 거두었으며, 변동 사항을 조사하여 3년마다 문서를 다시 작성하였다.

① 인구를 중시하여 소아의 수까지 파악하였다.
② 토지의 종류에는 군인전, 구분전 등이 있었다.
③ 뽕나무 · 잣나무 · 호두나무의 수까지 기록하였다.
④ 촌주가 변동 사항을 조사하여 문서를 작성하였다.

3. 다음 (가)의 업적으로 가장 적절한 것은?

> (가)은/는 최초의 진골 출신 왕으로 통일 전쟁을 치르는 과정에서 왕권을 강화하였으며, 이후 그의 직계 자손이 왕위를 세습하였다.

① 고구려를 멸망시켰다.
② 14부의 중앙 통치 조직을 완비하였다.
③ 관료전을 지급하고 녹읍을 폐지하였다.
④ 집사부 장관인 중시의 기능을 강화하였다.

4. 다음 역사적 사실들을 순서대로 바르게 나열한 것은?

> ㉠ 백제는 웅진에서 사비로 수도를 옮겼다.
> ㉡ 신라는 백제와 나·제 동맹을 체결하였다.
> ㉢ 백제는 왕위의 부자 상속제를 확립하였다.
> ㉣ 고구려는 신라에 침입한 왜를 격퇴하였다.

① ㉢ - ㉡ - ㉣ - ㉠
② ㉢ - ㉣ - ㉠ - ㉡
③ ㉢ - ㉣ - ㉡ - ㉠
④ ㉣ - ㉢ - ㉡ - ㉠

5. 밑줄 친 '그'에 대한 설명으로 옳은 것은?

> 그는 왕위를 아들인 충숙왕에게 물려주고, 이듬해 원나라로 가서 자신의 저택에 서재를 짓고 만권당이라고 이름 지었다. 그는 이곳에서 염복, 요수, 조맹부 등 중국의 유명한 학자들과 학문을 나누었으며, 자신을 시종하던 고려의 신하들도 함께 교유하도록 하였다.

① 정치도감을 설치하였다.
② 개혁을 위해 사림원을 두었다.
③ 원 간섭 이전으로 관제를 복구하였다.
④ 도병마사를 도평의사사로 개편하였다.

6. 다음 빈칸에 들어갈 인물에 대한 설명으로 옳은 것은?

> 송광사에 머무르고 있던 ○○은/는 당시 불교계의 타락을 비판하면서, 불교 수행의 중심을 이루는 두 요소인 참선과 지혜를 함께 닦을 것을 주장하였다.

① 교관겸수를 주장하였다.
② 수선사 결사를 주도하였다.
③ 공민왕의 왕사로 활약하였다.
④ '신편제종교장총록'을 편찬하였다.

7. 다음 빈칸에 들어갈 국왕 때의 역사적 사실로 가장 적절한 것은?

> ○○의 재위 기간에 정도전은 『고려국사』를 편찬하여 고려 시대의 역사를 정리하고 조선 건국의 정당성을 밝히려 하였다.

① 요동 정벌을 계획하였다.
② 6조 직계제를 실시하였다.
③ 압록강 방면에 최윤덕을 파견하였다.
④ 외척인 민무구·민무질 등이 제거되었다.

8. 다음과 관련된 역사적 사건에 대한 설명으로 옳은 것은?

> '조룡(祖龍)이 어금니와 뿔을 휘두른다'고 한 것은 세조를 가리켜 시황제에 비유한 것이요, '회왕을 찾아내어 민망(民望)에 따랐다'고 한 것은 노산군을 가리켜 의제(義帝)에 비유한 것이고, '그 인의를 볼 수 있다'고 한 것은 노산을 가리킨 것이니 의제의 마음에 비추어 말한 것이다.

① 위훈 삭제에 반발하여 일어났다.
② 폐비 윤씨 사건에 관련된 자들이 제거되었다.
③ 소윤이 대윤에 대한 보복으로 옥사를 일으켰다.
④ 조의제문을 빌미로 김종직의 제자들이 피해를 입었다.

9. 밑줄 친 '선왕'에 대한 설명으로 옳은 것은?

> 선왕은 정종의 아우로서 왕위를 계승한 후 예로써 아랫사람을 접하며 밝은 관찰력으로 사람을 잘 알아보았습니다. 종친과 귀족이라 해서 사정을 두지 않고 항상 호족과 공신 세력을 억제하였으며 의탁할 데 없는 백성들에게 여러 혜택을 베풀었습니다.

① 12목을 두고 지방관을 파견하였다.
② 혼인 정책과 사성 정책을 실시하였다.
③ 쌍기의 건의에 따라 과거 제도를 시행하였다.
④ 기인 제도를 실시하여 지방 세력을 견제하였다.

10. 다음 자료와 관련된 조직에 대한 설명으로 옳은 것은?

> 가입을 청하는 자는 반드시 단자에 참가하기를 원하는 뜻을 자세히 적어서 모임이 있을 때에 진술하고, 사람을 시켜 약정(約正)에게 바치면 약정은 여러 사람에게 물어서 좋다고 한 다음에야 글로 답하고, 다음 모임에 참여하게 한다.

① 학파와 붕당을 결속시키는 구심점이 되었다.
② 경재소의 통제를 받다가 향청으로 변질되었다.
③ 지방의 군현에 있던 유일한 관학 교육 기관이었다.
④ 향촌 사회의 질서 유지와 함께 치안까지 담당하였다.

11. 밑줄 친 '개혁'의 내용으로 옳지 않은 것은?

> 청·일 전쟁에서 승세를 잡은 일본은 조선에 대해 적극적으로 간섭하기 시작하였다. 일본에 망명 중이던 박영효와 서광범을 불러들여 김홍집·박영효 연립 내각을 구성하여 개혁을 추진하였다.

① 재판소 설치
② 지방 제도 개편
③ 교육 입국 조서 반포
④ 한·청 통상 조약 체결

12. 밑줄 친 '그'의 재위 기간에 있었던 사실로 옳은 것은?

> 그가 어린 나이로 즉위하자 정순 왕후가 수렴청정을 하였다. 수렴청정이 끝난 후에는 그의 장인이었던 김조순을 중심으로 한 안동 김씨 세력이 정치를 주도하였다.

① 탕평파를 중심으로 정국을 운영하였다.
② 신유박해로 천주교도들이 처형당하였다.
③ 수령이 향약을 직접 주관하도록 하였다.
④ 임술 농민 봉기가 발발하자 안핵사를 파견하였다.

13. 다음 소설을 지은 인물에 대한 설명으로 옳은 것은?

> 허생은 안성의 한 주막에 자리 잡고서 밤, 대추, 감, 배, 귤 등의 과일을 모두 사들였다. 허생이 과일을 도거리로 사두자, 온 나라가 잔치나 제사를 치르지 못할 지경에 이르렀다. 따라서 과일 값은 크게 폭등하였다. 허생은 이에 10배의 값으로 과일을 되팔았다.

① 한전론을 주장하였다.
② 『북학의』를 저술하였다.
③ 강화학파를 성립하였다.
④ 무한우주론을 주장하였다.

14. 다음 자료에서 설명하고 있는 조약에 대한 내용으로 옳은 것은?

> 청은 러시아오 일본을 견제하기 위해 조선과 미국의 수교를 적극 알선하였다. 조선에서도 미국에 우호적인 여론이 형성되면서 서양 국가 가운데 최초로 이 조약이 체결되었다.

① 임오군란 발발 이후에 체결되었다.
② 개항장에서 일본 화폐의 유통을 허용하였다.
③ 천주교 공인 문제로 조약 체결이 지연되었다.
④ 거중 조정, 관세 부과 등의 조항이 들어 있었다.

15. 다음과 같이 주장한 세력에 대한 설명으로 옳은 것은?

> • 사람을 죽이지 말고 물건을 해하지 말라.
> • 충효를 다하며, 세상을 구하고 백성을 편안하게 하라.
> • 일본 오랑캐를 쫓아 버리고 왕의 정치를 깨끗이 하라.
> • 군대를 몰고 서울로 들어가 권세가와 귀족을 모두 없애라.

① 집강소를 설치하였다.
② 헌의 6조를 결의하였다.
③ 김홍집 등이 중심이 되었다.
④ 상권 수호 운동을 전개하였다.

16. 다음 자료에서 설명하고 있는 독립운동가는?

> 그는 간도 용정촌에 서전서숙을 설립하여 민족 교육에 힘썼다. 또한, 1907년에는 이준·이위종 등과 함께 고종의 특사로 헤이그 만국 평화 회의에 참석하려고 했으나, 일본의 방해로 좌절되었다.

① 안창호　　　　　　② 주시경
③ 신채호　　　　　　④ 이상설

17. 다음 내용을 주장한 단체에 대한 설명으로 옳은 것은?

> 공평은 사회의 근본이고 사랑은 인간의 본성이다. 고로 우리는 계급을 타파하고 모욕적인 칭호를 폐지하여 교육을 장려하고 우리도 참다운 인간으로 되고자 함이 본사(本社)의 주지이다. 지금까지 우리는 어떠한 지위와 압박을 받아왔던가? 과거를 회상하면 종일 통곡하고도 피눈물을 금할 수 없다.

① 신간회의 자매 단체이다.
② 잡지 『어린이』를 창간하였다.
③ 백정들에 대한 차별 철폐를 주장하였다.
④ 서북 지방 기독교인들이 중심이 된 비밀 결사 단체이다.

18. 다음 강령을 발표한 단체에 대한 설명으로 옳은 것은?

> 1. 부호의 의연 및 일본인이 불법 징수하는 세금을 압수하여 무장을 준비한다.
> 2. 만주에 사관 학교를 설치하여 독립 전사를 양성한다.
> 3. 종래의 의병 및 만주 이주민을 소집하여 훈련한다.
> 4. 중국과 러시아에 의뢰하여 무기를 구입한다.

① 김구가 조직하였다.
② 군대식 조직을 갖추었다.
③ 복벽주의를 목표로 하였다.
④ 기회주의자 배격을 내세웠다.

19. 다음 사건과 관련된 내용으로 옳지 않은 것은?

> 민주주의와 민중의 공복이며, 중립적 권력체인 관료와 경찰은 민주를 위장한 가부장적 전제 권력의 하수인으로 발 벗었다. 민주주의 이념의 최저 공리인 선거권마저 권력의 마수 앞에 농단되었다. … 보라! 우리는 기쁨에 넘쳐 자유의 햇불을 올린다. 보라! 우리는 캄캄한 밤의 침묵에 자유의 종을 난타하는 타수의 일익임을 자랑한다.

① 3 · 15 부정 선거가 원인이 되어 일어났다.
② 서울의 대학 교수들이 시국 선언문을 발표하였다.
③ 시민들은 스스로 무장하고 시민군을 조직하였다.
④ 학생과 시민의 힘으로 독재 정권을 무너뜨린 민주주의 혁명이다.

20. 다음 조약과 관련된 내용으로 가장 적절한 것은?

> 대한 제국 정부는 대일본 제국 정부가 추천한 일본인 1명을 재정 고문에 초빙하여 재무에 관한 사항은 모두 그의 의견을 들어 시행할 것

① 대한 제국의 군대를 해산시켰다.
② 러 · 일 전쟁 발발 직전에 체결되었다.
③ 미국인 스티븐스가 외교 고문으로 부임하였다.
④ 일본의 중재 없이 국제 조약을 체결할 수 없었다.

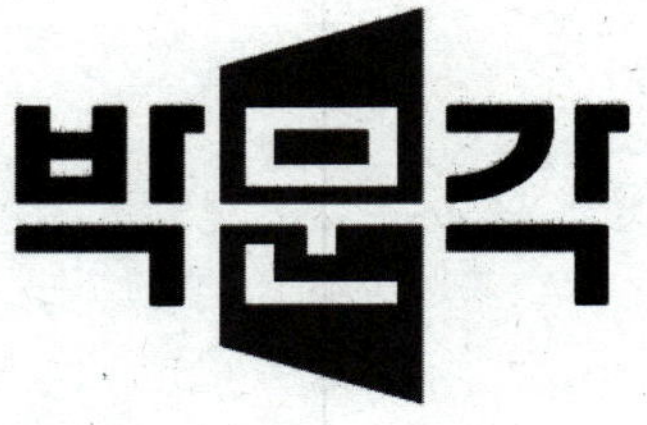

2026 공무원 시험 대비 실전동형 모의고사
한국사
▌ 제8회 ▐

응시번호

성 명

제1과목	국어	제2과목	영어	제3과목	한국사
제4과목		제5과목			

응시자 주의사항

1. **시험시작 전 시험문제를 열람하는 행위나 시험종료 후 답안을 작성하는 행위를 한 사람은** 「지방공무원 임용령」 제65조 등 관련 법령에 의거 **부정행위자로** 처리됩니다.

2. 시험이 시작되면 문제를 주의 깊게 읽은 후, **문항의 취지에 가장 적합한 하나의 정답만을 고르며**, 문제내용에 관한 질문은 할 수 없습니다.

3. **답안은 문제책 표지의 과목 순서에 따라 답안지에 인쇄된 순서에 맞추어 표기해야 하며**, 과목 순서를 바꾸어 표기한 경우에도 **문제책 표지의 과목 순서대로 채점되므로** 유의하시기 바랍니다.

4. 법령, 고시, 판례 등에 관한 문제는 **2026년 4월 30일 현재 유효한 법령, 고시, 판례 등을 기준**으로 정답을 구해야 합니다. 다만, 개별 과목 또는 문항에서 별도의 기준을 적용하도록 명시한 경우에는 그 기준을 적용하여 정답을 구해야 합니다.

5. **시험시간 관리의 책임은 응시자 본인에게 있습니다.**
   ※ 문제책은 시험종료 후 가지고 갈 수 있습니다.

정답공개 및 이의제기 안내

1. 정답공개 일시: 정답가안 6.20.(토) 13:30 / 최종정답 6.29.(월) 18:00

2. 정답공개 방법: 사이버국가고시센터(www.gosi.kr) ➡ [시험문제 / 정답 → 문제 / 정답 안내]

3. 이의제기 기간: 6.20.(토) 18:00 ~ 6.23.(화) 18:00

4. 이의제기 방법
   ▪ 사이버국가고시센터 ➡ [시험문제 / 정답 → 정답 이의제기]
   ▪ 구체적인 이의제기 방법은 정답가안 공개 시 공지 예정

박문각

한 국 사

1. 제시된 자료의 나라에 대한 설명으로 옳은 것은?

> 항상 5월이면 씨 뿌리기를 마치고 귀신에게 제사를 지낸다. 떼
> 를 지어 모여서 노래와 춤을 즐기며 술 마시고 노는 데 밤낮을
> 가리지 않는다. 그 춤은 수십 명이 모두 일어나서 뒤를 따라가
> 며 땅을 밟고 구부렸다 치켜들었다 하면서 손과 발로 서로 장단
> 을 맞추는데, 그 가락과 율동은 중국의 탁무(鐸舞)와 유사하다.
> 10월에 농사일을 마친 후에도 이렇게 한다.

① 책화라는 풍습이 있었다.
② 계루부에서 왕위를 차지하였다.
③ 집집마다 부경이라는 창고가 있었다.
④ 여러 개의 소국으로 구성된 연맹체였다.

2. 밑줄 친 '왕'의 재위 기간에 있었던 사실로 옳은 것은?

> 이찬 이사부가 왕에게 "국사라는 것은 임금과 신하들의 선악을
> 기록하여, 좋고 나쁜 것을 만대 후손들에게 보여 주는 것입니다.
> 이를 책으로 편찬해 놓지 않는다면 후손들이 무엇을 보고 알겠
> 습니까?"라고 아뢰었다.

① 국학을 설치하였다.
② 대가야를 정복하였다.
③ 상대등을 설치하였다.
④ 독서삼품과를 시행하였다.

3. 다음 역사적 사실들을 순서대로 바르게 나열한 것은?

> ㉠ 고구려는 안시성에서 당군을 격퇴하였다.
> ㉡ 백제 왕이 가야와 함께 관산성을 공격하였다.
> ㉢ 백제는 고구려의 공격으로 한강 유역을 상실하였다.
> ㉣ 고구려는 낙랑군을 점령하고 한 군현 세력을 몰아냈다.

① ㉢ － ㉡ － ㉣ － ㉠
② ㉢ － ㉣ － ㉡ － ㉠
③ ㉣ － ㉢ － ㉠ － ㉡
④ ㉣ － ㉢ － ㉡ － ㉠

4. 밑줄 친 '그'의 업적으로 옳은 것은?

> 그가 선위를 받을 때 성삼문이 예방승지로서 국새를 안고 통곡
> 하니, 그가 엎드려서 사양하다가 머리를 들어 이를 눈여겨보았
> 다. 이듬해 성삼문은 그의 아버지 성승 및 박팽년 등과 함께 상
> 왕의 복위를 도모하고자 명나라 사신을 청하여 연회하는 날에
> 거사하기로 기약했으나, 일이 발각되어 체포되고 말았다.

① 경연을 강화하였다.
② 공법을 제정하였다.
③ 사림을 중용하였다.
④ 유향소를 폐지하였다.

5. 다음과 같이 주장한 실학자에 대한 설명으로 옳은 것은?

> 재물은 대체로 샘과 같다. 퍼내면 차고, 버려두면 말라 버린다.
> 그러므로 비단옷을 입지 않아서 나라에 비단 짜는 사람이 없게
> 되면 여공이 쇠퇴하며, … 사농공상의 사민이 모두 곤궁하여 서
> 로 구제할 수 없게 된다.

① 청에 다녀온 후 『북학의』를 저술하였다.
② 「양반전」에서 양반의 위선을 풍자하였다.
③ 『반계수록』을 통해 균전론을 제시하였다.
④ 북한산비가 신라 진흥왕 순수비임을 밝혔다.

6. 밑줄 친 '이곳'에서 일어난 일로 옳은 것은?

> 고려 정종 때 이곳으로 천도 계획을 세웠으나 실현되지 못했고,
> 문종 때 이곳 주위에 경기 4도를 두었다.

① 웅진 도독부를 설치하였다.
② 몽골이 동녕부를 설치하였다.
③ 정약용이 이곳으로 유배를 왔다.
④ 망이 · 망소이의 난이 발발하였다.

7. 다음 역사적 사실들을 순서대로 바르게 나열한 것은?

> ㉠ 처인성 전투에서 김윤후가 적을 물리쳤다.
> ㉡ 강조의 정변을 구실로 거란이 침입하였다.
> ㉢ 홍건적의 침입으로 왕이 안동으로 피난하였다.
> ㉣ 압록강에서 도련포에 이르는 천리장성을 축조하였다.

① ㉠ - ㉡ - ㉣ - ㉢
② ㉡ - ㉣ - ㉠ - ㉢
③ ㉡ - ㉠ - ㉣ - ㉢
④ ㉠ - ㉣ - ㉡ - ㉢

8. 밑줄 친 '왕'의 재위 기간에 있었던 사실로 옳지 않은 것은?

> 후금이 명에 대하여 전쟁을 포고하자, 명은 조선에 원군을 요청하였다. 왕은 강홍립을 도원수로 삼아 군대를 이끌고 명을 지원하게 하되, 적극적으로 나서지 말고 상황에 따라 대처하도록 명령하였다.

① 경운궁과 경덕궁을 건설하였다.
② 허준이 『동의보감』을 완성하였다.
③ 북인이 집권하여 정권을 독점하였다.
④ 계해약조를 체결하여 일본과 교류하였다.

9. 밑줄 친 '연잉군'의 업적으로 옳지 않은 것은?

> 왕의 이복동생인 연잉군이 노론의 지지를 업고 왕세제로 책봉되었다. 이에 소론은 노론 대신들이 왕을 위협하고 능멸하는 역적 행위를 하였다고 주장하였다. 왕은 이를 받아들여 김창집, 이이명, 이건명, 조태채 등 노론 대신들을 처벌하였다.

① 신문고를 부활하였다.
② 청계천을 준설하였다.
③ 『속대전』을 편찬하였다.
④ 중앙의 공노비를 해방하였다.

10. 다음 군사 조직에 대한 설명으로 가장 옳은 것은?

> 임금께서 도감을 설치하여 군사를 훈련시키라고 명하시고 나를 그 책임자로 삼으시므로 … 얼마 안 되어 수천 명을 얻어 조총 쏘는 법과 창, 칼 쓰는 기술을 가르치게 하였다.　－『서애집』

① 노비에서 양반까지 편성되었다.
② 포수, 사수, 살수 등 삼수병을 두었다.
③ 흥선 대원군 집권 시기에 폐지되었다.
④ 인조 때 수도 방어를 위해 설치되었다.

11. 밑줄 친 '그'에 대한 설명으로 옳은 것은?

> 그는 한국 독립군의 총사령관으로, 중국 호로군과 연합하여 사도하자 전투, 대전자령 전투 등에서 큰 전과를 올렸다. 이후 만주에서 일제의 토벌 작전이 강화되는 상황에서 대한민국 임시정부의 요청에 따라 한국 독립군의 지도부는 중국 관내로 이동하였다.

① 연해주에서 권업회를 조직하였다.
② 임시 정부의 초대 대통령이 되었다.
③ 한인 애국단의 단원으로 활약하였다.
④ 한국 광복군의 총사령관을 역임하였다.

12. 제시된 자료에서 설명하는 인물에 대한 설명으로 옳은 것은?

> 스스로 소성거사라 부르고 … 방방곡곡을 돌아다니며 노래와 춤을 통해 부처의 가르침을 전하였다. 이로 말미암아 가난하고 무지몽매한 사람들까지도 부처의 이름을 알게 되었고, 나무아미타불을 외우게 되었으니 그의 교화가 자못 크다.

① 천태종을 개창하였다.
② 『금강삼매경론』을 저술하였다.
③ 교종과 선종을 통합하고자 하였다.
④ 화랑이 지켜야 할 세속오계를 지었다.

13. 발해에 대한 설명으로 옳은 것을 모두 고르면?

> ㉠ 재추 회의에서 국정을 논의하였다.
> ㉡ 전국을 5경 15부 62주로 정비하였다.
> ㉢ 지방에 욕살, 처려근지 등을 파견하였다.
> ㉣ 좌사정과 우사정이 각각 3부씩 나누어 맡았다.

① ㉠, ㉡   ② ㉡, ㉢
③ ㉡, ㉣   ④ ㉢, ㉣

14. 제시된 자료 시기에 볼 수 있는 경제 모습으로 가장 적절한 것은?

> 향과 부곡의 주민들은 대부분 농경에 종사하였고, 소의 주민들은 국가에서 필요로 하는 물품을 생산하였다. 특히, 소에는 도자기를 만드는 자기소, 먹을 만드는 묵소, 소금을 생산하는 염소 등이 있었다.

① 목화가 처음으로 전래되었다.
② 감자, 고구마 등이 재배되었다.
③ 상평통보가 시장에서 유통되었다.
④ 보부상이 장시를 돌아다니며 활동하였다.

15. 다음 (가)와 (나) 사이에 일어난 일로 옳은 것은?

> (가) 양헌수 부대가 정족산성에서 프랑스군에 큰 타격을 주었다.
> (나) 미군이 초지진과 덕진진을 점령하고 광성보를 공격하였다.

① 운요호가 초지진을 포격하였다.
② 전국 각지에 척화비가 세워졌다.
③ 프랑스 선교사와 천주교도가 처형당했다.
④ 오페르트가 남연군의 묘 도굴을 시도하였다.

16. 다음 협정 체결 이후의 사실로 옳지 않은 것은?

> 2조 중국 관헌은 각 현에 통고하여 재류 조선인이 무기를 휴대하고 조선에 침입하는 것을 엄금한다. 이를 어긴 자는 체포하여 일본 관헌에게 인도한다.
> 4조 일본 관헌에서 지명한 불령단 수령은 중국 관헌에서 신속히 체포하여 인도한다.

① 독립군이 봉오동에서 승리하였다.
② 조선어 학회가 강제로 해산당하였다.
③ 남만주 지역에서 국민부가 결성되었다.
④ 동아일보가 브나로드 운동을 전개하였다.

17. 다음 자료와 관련된 단체에 대한 설명으로 옳은 것은?

> 무릇 우리나라의 독립은 오직 자강의 여하에 달려 있는 것이다. … 국력이 스스로 쇠퇴하게 되었고, 나아가서 금일의 험난한 지경에 이르렀고, 외국인의 보호까지 받게 되었다. … 자강의 방법으로는 교육을 진작하고 산업을 일으켜 흥하게 하면 되는 것이다.

① 자기 회사 · 태극 서관을 설립하였다.
② 해외 독립군 기지 건설 운동을 벌였다.
③ 공화 정체의 국민 국가 건설을 목표로 삼았다.
④ 고종의 강제 퇴위에 반대하는 운동을 주도하였다.

18. 다음 (가)에 대한 설명으로 옳은 것은?

> 해방 며칠 전, 총독부의 엔도 정무총감은 [가] 을/를 만나 일본인의 생명 보호를 애걸하였다. [가] 은/는 감옥에 있는 정치범의 즉시 석방, 청년 학생의 자치대 결성, 정치적 활동의 자유 보장, 3개월간의 식량 확보 등의 요구 사항을 제시하였다.

① 남북 협상을 주도하였다.
② 한국 민주당 창당을 주도하였다.
③ 상하이에서 신한 청년당을 조직하였다.
④ 정읍 발언을 통해 단정론을 주장하였다.

19. 밑줄 친 '이 시기'에 추진된 정책으로 옳지 않은 것은?

> 이 시기에 일제는 헌병에게 경찰 업무를 부여한 헌병 경찰제를 시행했다. 헌병 경찰은 정식 법 절차나 재판을 거치지 않고 벌금·구류 등을 재량으로 즉결 처분할 수 있었다.

① 회사령
② 조선 태형령
③ 토지 조사 사업
④ 국가 총동원법 제정

20. 밑줄 친 기구가 존속하던 시기에 전개된 사실로 옳은 것은?

> 제40조 ① 통일 주체 국민 회의는 국회 의원 정수의 3분의 1에 해당하는 수의 국회 의원을 선거한다.
> ② 제1항의 국회 의원의 후보자는 대통령이 일괄 추천하며, 후보자 전체에 대한 찬반을 투표에 부쳐 재적 인원 과반수의 출석과 출석 인원 과반수의 찬성으로 당선을 결정한다.

① 제헌 헌법을 제정하였다.
② 정부는 한·일 협정을 체결하였다.
③ 7·4 남북 공동 성명이 발표되었다.
④ 광주에서 5·18 민주화 운동이 일어났다.

합격까지
박문각

2026 공무원 시험 대비 실전동형 모의고사
한국사
▮ 제9회 ▮

<table>
<tr><td>응시번호</td></tr>
<tr><td>성 명</td></tr>
</table>

문제책형

제1과목	국어	제2과목	영어	제3과목	한국사
제4과목		제5과목			

응시자 주의사항

1. **시험시작 전 시험문제를 열람하는 행위나 시험종료 후 답안을 작성하는 행위를 한 사람은** 「지방공무원 임용령」 제65조 등 관련 법령에 의거 **부정행위자로** 처리됩니다.

2. 시험이 시작되면 문제를 주의 깊게 읽은 후, **문항의 취지에 가장 적합한 하나의 정답만을 고르며,** 문제내용에 관한 질문은 할 수 없습니다.

3. **답안은 문제책 표지의 과목 순서에 따라 답안지에 인쇄된 순서에 맞추어 표기해야** 하며, 과목 순서를 바꾸어 표기한 경우에도 **문제책 표지의 과목 순서대로 채점되므로** 유의하시기 바랍니다.

4. 법령, 고시, 판례 등에 관한 문제는 **2026년 4월 30일 현재 유효한 법령, 고시, 판례 등을 기준**으로 정답을 구해야 합니다. 다만, 개별 과목 또는 문항에서 별도의 기준을 적용하도록 명시한 경우에는 그 기준을 적용하여 정답을 구해야 합니다.

5. **시험시간 관리의 책임은 응시자 본인에게 있습니다.**
   ※ 문제책은 시험종료 후 가지고 갈 수 있습니다.

정답공개 및 이의제기 안내

1. 정답공개 일시: 정답가안 6.20.(토) 13:30 / 최종정답 6.29.(월) 18:00

2. 정답공개 방법: 사이버국가고시센터(www.gosi.kr) ➡ [시험문제 / 정답 → 문제 / 정답 안내]

3. 이의제기 기간: 6.20.(토) 18:00 ~ 6.23.(화) 18:00

4. 이의제기 방법
   ▪ 사이버국가고시센터 ➡ [시험문제 / 정답 → 정답 이의제기]
   ▪ 구체적인 이의제기 방법은 정답가안 공개 시 공지 예정

박문각

한 국 사

1. 다음 나라에 대한 설명으로 옳은 것은?

> 고구려 개마대산의 동쪽에 있는데, 큰 바닷가에 접해 산다. … 북쪽은 읍루·부여, 남쪽은 예맥과 맞닿아 있다. 대군왕이 없으며, 읍락에는 각각 대를 잇는 장수(長帥)가 있다. … 나라가 작고 큰 나라의 틈바구니에서 핍박을 받다가 결국 고구려에게 신속케 되었다

① 정치와 종교가 분리된 사회였다.
② 건국 시조 주몽에게 제사를 지냈다.
③ 이미 1세기 초에 왕호를 사용하였다.
④ 집안 식구들을 하나의 곽에 넣어 매장하였다.

2. 삼국의 통일 과정을 순서대로 바르게 나열한 것은?

> ㉠ 나·당 연합군이 평양성을 함락하였다.
> ㉡ 연개소문이 정변을 일으켜 권력을 장악하였다.
> ㉢ 신라는 기벌포에서 당나라 수군을 격파하였다.
> ㉣ 황산벌에서 계백의 결사대가 신라군에게 패하였다.

① ㉡ - ㉣ - ㉠ - ㉢
② ㉡ - ㉣ - ㉢ - ㉠
③ ㉣ - ㉡ - ㉠ - ㉢
④ ㉣ - ㉡ - ㉢ - ㉠

3. 밑줄 친 '왕' 때의 사실로 옳은 것은?

> 왕은 당나라가 내분으로 어지러워진 틈을 타서 영토를 크게 넓혔으며 수도를 중경에서 상경으로, 다시 동경으로 옮겼다. 또한, 일본에 외교 문서를 보내 천손(하늘의 자손)이라고 표현하였다.

① 신라는 장보고를 청해진 대사로 임명하였다.
② 5경 15부 62주의 지방 제도를 정비하였다.
③ 장문휴를 보내 당나라의 등주를 공격하였다.
④ 대흥, 보력 등 독자적인 연호를 사용하였다.

4. 다음 (가) 승려에 대한 설명으로 옳은 것은?

> 신인(神人)이 말하였다. "지금 그대 나라는 여자가 왕위에 있으니 덕은 있지만 위엄이 없습니다. 그래서 이웃 나라가 침략을 꾀하고 있는 것입니다. … 고국에 돌아가거든 절 안에 탑을 세우십시오. 그러면 이웃 나라가 항복할 것이고 구한(九韓)이 와서 조공할 것이며 나라가 편안할 것입니다." (가)은/는 당나라 황제가 준 불경 등을 가지고 귀국하였다.

① 「화엄일승법계도」를 저술하였다.
② 황룡사 9층 목탑의 건립을 주장하였다.
③ 화엄종을 중심으로 교종을 통합하려 하였다.
④ 일심 사상을 바탕으로 화쟁의 논리를 펼쳤다.

5. 다음 상소문을 수용한 국왕에 대한 설명으로 옳은 것은?

> 불교를 행하는 것은 수신의 근본이며, 유교를 행하는 것은 치국의 근원이니, 수신은 내생을 위한 것이며, 치국은 곧 오늘의 일입니다. 오늘은 지극히 가깝고 내생은 지극히 먼 것인데, 가까움을 버리고 지극히 먼 것을 구함은 또한 잘못이 아니겠습니까?

① 과거제를 실시하였다.
② 광학보를 설치하였다.
③ 제위보를 설치하였다.
④ 압록강까지 영토를 넓혔다.

6. (가)에 대한 설명으로 옳은 것은?

> 최씨 정권이 무너지면서 고려 정부는 몽골과 강화를 맺었다. 이에 (가)은/는 개경 환도에 반대하여 몽골에 대한 항쟁을 계속하였다. 이들은 진도, 제주도로 이동하며 몽골에 맞섰으나, 결국 진압되었다.

① 최충헌이 설치한 부대이다.
② 여진족에 대처하기 위해 조직되었다.
③ 좌별초·우별초·신의군으로 구성되었다.
④ 왜군의 조총에 대항하기 위해서 설치되었다.

7. 밑줄 친 '왕'의 재위 기간에 있었던 사실로 옳은 것은?

> 이연종이 말하기를 "임금 앞에 나아가 직접 대면해서 말씀드리기를 바라나이다."라고 하였다. 이미 들어와서는 좌우를 물리치고 말하기를, "변발과 호복은 선왕(先王)의 제도가 아니오니 원컨대 전하께서는 본받지 마소서."라고 하니, 왕이 기뻐하면서 즉시 변발을 풀어 버리고 그에게 옷과 요를 하사하였다.

① 과전법을 제정하였다.
② 만권당을 설립하였다.
③ 도평의사사를 설치하였다.
④ 쌍성총관부를 수복하였다.

8. 다음 밑줄 친 토지 제도에 대한 설명으로 옳은 것은?

> 고려에는 관리에게 정해진 면적의 토지에서 조세를 거둘 수 있는 권리를 나누어주는 전시과라는 제도가 있었다.

① 전지와 시지를 지급하였다.
② 노동력까지 동원할 수 있었다.
③ 수신전과 휼양전이 지급되었다.
④ 경기 지역에 한정하여 지급하였다.

9. 밑줄 친 '우리 전하'에 대한 설명으로 옳은 것은?

> 계해년 겨울에 우리 전하께서 정음 28자를 처음으로 만들었다. … 물건의 형상을 본떠서 글자는 고전(古篆)을 모방하였다. … 그런 까닭으로 지혜로운 사람은 아침나절이 되기 전에 이를 이해하고, 어리석은 사람도 열흘 만에 배울 수 있게 되었다.

① 보법을 실시하였다.
② 홍문관을 설치하였다.
③ 칠정산을 편찬하였다.
④ 6조 직계제를 실시하였다.

10. 다음 역사적 사실들을 순서대로 바르게 나열한 것은?

> ㉠ 예송 논쟁이 발생하였다.
> ㉡ 정여립 모반 사건이 일어났다.
> ㉢ 어영청을 2만여 명으로 확대하였다.
> ㉣ 명과 후금 사이에서 중립 외교를 추진하였다.

① ㉡ - ㉢ - ㉣ - ㉠
② ㉡ - ㉣ - ㉢ - ㉠
③ ㉣ - ㉡ - ㉢ - ㉠
④ ㉣ - ㉢ - ㉠ - ㉡

11. 밑줄 친 '이 법'과 관련된 내용으로 가장 적절한 것은?

> 우의정 김육이 말했다. "이 법은 역(役)을 고르게 하여 백성을 편안케 하기 위한 것이니 실로 시대를 구할 수 있는 좋은 계책입니다. … 경기도와 강원도에 이미 시행하여 힘을 얻었으니, 호남과 호서 지방에서 시행하면 백성을 편안케 하고 나라에 도움이 되는 방도로 이것보다 더 큰 것이 없습니다."

① 1결당 쌀 12두씩을 납부하였다.
② 풍흉에 관계없이 전세를 고정하였다.
③ 관할 관청으로 균역청을 설치하였다.
④ 어장세, 선박세 등으로 재정을 보충하였다.

12. 밑줄 친 '이 왕' 때의 사실로 가장 적절한 것은?

> 이 왕 때에 이르러 정국을 주도하는 붕당과 견제하는 붕당이 서로 교체됨으로써 정국이 급격하게 전환되는 환국이 나타나기 시작하였다. 이로써 특정 붕당이 정권을 독점하는 일당 전제화의 추세가 대두되었다.

① 동학이 창시되었다.
② 『속대전』을 편찬하였다.
③ 신해통공이 시행되었다.
④ 백두산정계비가 세워졌다.

13. 다음과 같이 즈장한 실학자에 대한 설명으로 옳은 것은?

> 중국은 서양과 180도 정도 차이가 난다. 중국인은 중국을 중심으로 삼고 서양을 변두리로 삼으며, 서양인은 서양을 중심으로 삼고 중국을 변두리로 삼는다. 그러나 실제는 … 중심도 변두리도 없이 모두가 중심이다.

① 『과농소초』를 저술하였다.
② 중국 중심의 세계관을 비판하였다.
③ 토지 개혁론으로 여전론을 주장하였다.
④ 소비를 권장하여 생산을 촉진하자고 주장하였다.

14. 다음 역사적 사건에 대한 설명으로 옳지 않은 것은?

> 이날 밤 우정국에서 낙성연을 열었는데 총판 홍영식이 주관하였다. 연회가 끝나갈 무렵 담장 밖에 불길이 일어나는 것이 보였다. 이때 민영익도 우영사로서 연회에 참가하였다가 불을 끄기 위해 문 밖으로 나갔다가 흉도 여러 명이 휘두른 칼에 맞아 쓰러졌다.

① 김옥균, 박영효 등이 주도하였다.
② 입헌 군주제적 정치 체제를 지향하였다.
③ 민씨 정권의 요청으로 청군이 개입하였다.
④ 조·청 상민 수륙 무역 장정을 체결하는 계기가 되었다.

15. 다음 내용이 규정된 조약에 대한 설명으로 옳은 것은?

> 제1조 한국 정부는 시정 개선에 관하여 통감의 지도를 받을 것
> 제2조 한국 정부의 법령 제정 및 중요한 행정상의 처분은 미리 통감의 승인을 거칠 것

① 통감의 권한이 크게 강화되었다.
② 대한 제국의 외교권이 박탈되었다.
③ 조선 총독부를 설치한다는 조항이 포함되어 있다.
④ 이 조약 체결 이후에 화폐 정리 사업이 추진되었다.

16. 밑줄 친 '이 시기'에 전개된 역사적 사실로 옳은 것은?

> 이 시기 방정환을 중심으로 천도교 소년회가 조직되면서 본격적으로 소년 운동이 시작되었다. 방정환은 아이들을 인격체로 대접하라는 의미에서 '어린이'라는 용어를 사용하였다.

① 자유시 참변
② 대전자령 전투
③ 조선 의용대 조직
④ 한국 국민당 창당

17. (가) 시기에 들어갈 역사적 사실로 옳지 않은 것은?

	(가)	
발췌 개헌 통과		장면 내각 출범

① 진보당 사건
② 사사오입 개헌
③ 3·15 부정 선거
④ 농지 개혁법 제정

18. (가)와 (나) 사이의 시기에 들어갈 역사적 사실로 옳지 않은 것은?

> (가) 고종은 종묘에 나가 '독립 서고문'을 바치고 국정 개혁의 기본 강령인 홍범 14조를 반포하였다.
> (나) 각계각층의 애국지사와 기독교계, 실업계 인사가 참여한 신민회가 조직되었다.

① 원수부를 설치하였다.
② 대한국 국제를 반포하였다.
③ 서재필이 독립신문을 창간하였다.
④ 동양 척식 주식회사가 설립되었다.

19. 다음 정치 상황들을 일어난 순서대로 나열한 것은?

> ㉠ 서울 덕수궁에서 1차 미·소 공동 위원회가 열렸다.
> ㉡ 카이로 회담에서 최초로 한국의 독립을 약속하였다.
> ㉢ 여운형이 국내에서 조선 건국 동맹을 결성하였다.
> ㉣ 유엔 소총회에서 남한만의 총선거 실시를 결정하였다.

① ㉡ - ㉢ - ㉠ - ㉣
② ㉡ - ㉢ - ㉣ - ㉠
③ ㉡ - ㉣ - ㉢ - ㉠
④ ㉢ - ㉡ - ㉣ - ㉠

20. 밑줄 친 '그'에 대한 설명으로 옳은 것은?

> 그는 경상도 밀양 출생으로 1919년 만주 길림에서 다른 동지들과 함께 의열단을 결성하였다. 의열단은 국내에 대규모로 폭탄을 들여와 식민 통치 기관을 폭파하려고 했으며, 일본 정치인과 친일파에 대한 암살을 시도하였다.

① 민족 혁명당 결성을 주도하였다.
② 조선 혁명군의 총사령관으로 활약하였다.
③ 국민 대표 회의에서 개조파로 활동하였다.
④ 도쿄에서 일왕이 탄 마차 행렬에 폭탄을 던졌다.

합격까지

박문각

2026 공무원 시험 대비 실전동형 모의고사
한국사
▌ 제10회 ▌

응시번호

성 명

제1과목	국어	제2과목	영어	제3과목	한국사
제4과목		제5과목			

응시자 주의사항

1. **시험시작 전 시험문제를 열람하는 행위나 시험종료 후 답안을 작성하는 행위를 한 사람은** 「지방공무원 임용령」 제65조 등 관련 법령에 의거 **부정행위자로** 처리됩니다.

2. 시험이 시작되면 문제를 주의 깊게 읽은 후, **문항의 취지에 가장 적합한 하나의 정답만을 고르며,** 문제내용에 관한 질문은 할 수 없습니다.

3. **답안은 문제책 표지의 과목 순서에 따라 답안지에 인쇄된 순서에 맞추어 표기해야** 하며, 과목 순서를 바꾸어 표기한 경우에도 **문제책 표지의 과목 순서대로 채점되므로** 유의하시기 바랍니다.

4. 법령, 고시, 판례 등에 관한 문제는 **2026년 4월 30일 현재 유효한 법령, 고시, 판례 등을** 기준으로 정답을 구해야 합니다. 다만, 개별 과목 또는 문항에서 별도의 기준을 적용하도록 명시한 경우에는 그 기준을 적용하여 정답을 구해야 합니다.

5. **시험시간 관리의 책임은 응시자 본인에게 있습니다.**
   ※ 문제책은 시험종료 후 가지고 갈 수 있습니다.

정답공개 및 이의제기 안내

1. 정답공개 일시: 정답가안 6.20.(토) 13:30 / 최종정답 6.29.(월) 18:00

2. 정답공개 방법: 사이버국가고시센터(www.gosi.kr) ➜ [시험문제 / 정답 → 문제 / 정답 안내]

3. 이의제기 기간: 6.20.(토) 18:00 ~ 6.23.(화) 18:00

4. 이의제기 방법
   ■ 사이버국가고시센터 ➜ [시험문제 / 정답 → 정답 이의제기]
   ■ 구체적인 이의제기 방법은 정답가안 공개 시 공지 예정

박문각

한 국 사

1. 밑줄 친 '이 시대'에 대한 설명으로 옳은 것은?

> 이 시대 사람들은 주로 동굴이나 바위 그늘에 살거나 강가에 막
> 집을 짓고 살았다. 충남 공주 석장리, 경기 연천 전곡리가 대표
> 적인 유적지이다.

① 간석기를 사용하였다.
② 미송리식 토기를 만들었다.
③ 계급이 존재하지 않는 평등 사회였다.
④ 나무나 돌로 만든 농기구를 사용하였다.

2. 다음 건국 신화와 관련된 나라에 대한 설명으로 옳은 것은?

> 12일이 지난 이튿날 아침 사람들이 다시 모여 상자를 열어 보
> 니 6개의 알이 변하여 동자가 되어 있었는데 용모가 매우 훤칠
> 하였다. … 그달 보름에 즉위하였으며, 처음 나타났다고 해서 이
> 름을 수로(首露)라고 하였는데, 혹은 수릉(首陵)으로도 불렀다.

① 중계 무역이 발달하였다.
② 진흥왕에게 정복당하였다.
③ 후기 가야 연맹을 주도하였다.
④ 화백 회의에서 중대사를 논하였다.

3. 밑줄 친 '고려대왕 상왕공'의 업적으로 옳은 것은?

> 고려대왕 상왕공은 신라매금과 세세토록 형제처럼 지내기를 원
> 하였다. … 상하(上下)에게 의복을 내리라는 교를 내리셨다. …
> 12월 23일 갑인에 동이매금의 상하(上下)가 우벌성에서 와서
> 교를 내렸다

① 태학을 설립하고 율령을 반포하였다.
② 전략적 요충지인 서안평을 점령하였다.
③ 수도를 국내성에서 평양성으로 옮겼다.
④ 아리수를 건너 백제 아신왕을 굴복시켰다.

4. 다음 (가) 때의 역사적 사실로 옳은 것은?

> ┌(가)┐ 때 주전도감을 설치하고 해동통보, 해동중보, 삼한통보,
> 삼한중보 등의 동전을 만들었다. 그리고 은으로 무게 1근의 화
> 폐를 만들어, 이것을 은병 또는 활구라고 하여 유통하게 하였다.

① 장학 재단으로 양현고가 설립되었다.
② 국왕의 후원으로 의천이 천태종을 창시하였다.
③ 교육 조서를 반포하고 국자감을 정비하였다.
④ 지방관이 없는 속현에 감무를 파견하기 시작하였다.

5. 밑줄 친 '이 무덤'에 대한 설명으로 옳은 것은?

> 이 무덤의 안에는 왕과 왕비의 지석이 나란히 배치되어 있다.
> 이를 통해서 이 무덤은 고대 여러 왕들의 무덤 중에서 거의 유
> 일하게 피장자를 확실하게 알 수 있는 무덤이다.

① 굴식 돌방무덤 양식이다.
② 중국 남조의 영향을 받았다.
③ 벽에 사신도를 그려 넣었다.
④ 돌을 쌓아 올려서 만든 무덤이다.

6. 다음 특징을 가진 역사서는?

> 무신 집권기에 활약한 이규보가 저술한 역사서이다. 고구려 건
> 국의 영웅인 동명왕의 업적을 칭송한 일종의 영웅 서사시로서,
> 고구려의 계승 의식을 반영하고 고구려의 전통을 노래하였다.

① 『동명왕편』
② 『제왕운기』
③ 『삼국사기』
④ 『삼국유사』

7. 다음 (가) 재위 기간에 있었던 사실로 옳은 것은?

> 내가 비록 부덕하더라도 일국의 국모 노릇을 한 지 여러 해가 되었다. (가)은/는 선왕(先王)의 아들이다. 나를 어미로 여기지 않을 수 없는데도 내 부모를 죽이고 품속의 어린 자식을 빼앗아 죽였으며, 나를 유폐하여 곤욕을 치르게 했다.

① 대동법을 경기도에서 실시하였다.
② 서인이 노론과 소론으로 갈라졌다.
③ 삼포에서 일본인들이 난을 일으켰다.
④ 기묘사화가 일어나 사림이 피해를 입었다.

8. 밑줄 친 인물의 재위 기간에 있었던 역사적 사실로 옳지 않은 것은?

> 내가 일찍이 송도에 있을 때 의정부를 없애자는 의논이 있었으나, 지금까지 겨를이 없었다. … 내가 골똘히 생각해보니 모든 일이 내 한 몸에 모이면 결재하기가 힘은 들겠지만, 임금인 내가 어찌 고생스러움을 피하겠는가.

① 창덕궁을 건립하였다.
② 호패법을 실시하였다.
③ 사간원을 따로 두었다.
④ 측우기, 자격루를 만들었다.

9. 밑줄 친 '그대 나라'와 관련된 설명으로 가장 적절치 못한 것은?

> 서희가 말하기를 "우리나라가 곧 고구려의 옛 땅이다. 그러므로 국호를 고려라 하고 평양에 도읍하였으니, 만일 국경으로 논한다면 그대 나라의 동경은 다 우리 경내에 있거늘 어찌 침식이라 하리요? 그리고 압록강의 안팎 역시 우리 영토 내에 있는데 … 만일 여진을 내쫓고 우리의 영토로 만들면 어찌 관계를 맺지 않겠는가?"

① 광군을 조직하여 침입에 대비하였다.
② 흥화진, 귀주 등지에서 승리를 거두었다.
③ 윤관이 별무반을 이끌고 정벌을 단행하였다.
④ 개경이 함락되자, 국왕이 나주까지 피난하였다.

10. 다음 시기의 경제 상황에 대한 설명으로 옳지 않은 것은?

> 평안도와 함경도에서는 … 부유한 상인이나 큰 장사꾼이 되면 한 곳에 앉아서 물건을 파는데, 남쪽으로는 일본과 통하고 북쪽으로는 청의 연경과 통한다. 몇 년 동안 천하의 물자를 실어다 팔아서 혹 수백만 금의 재물을 모은 자도 있다.

① 동전이 전국적으로 유통되었다.
② 강경, 원산 등이 상업 중심지로 성장하였다.
③ 송상이 개성을 근거지로 상업 활동을 하였다.
④ 대도시에서 주점, 다점 등 관영 상점을 운영하였다.

11. 다음과 같이 주장한 인물에 대한 설명으로 옳은 것은?

> "목은 민을 위해 존재하는가? 민이 목을 위해 사는가? 민은 곡물, 옷감을 내고 '목'을 섬기고, 민은 수레, 말, 구종을 내어 '목'을 맞아오고 보내고, 민은 자기의 고혈, 진액을 짜내어 '목'을 살찌게 하고 있다. 그러니 민은 '목'을 위해 사는 것인가?"

① 인문 지리서인 『택리지』를 저술하였다.
② 한국사의 독자적인 정통론을 체계화하였다.
③ 나라를 좀먹는 여섯 가지의 폐단을 지적하였다.
④ 실학을 집대성하여 『경세유표』 등 다수의 저술을 남겼다.

12. 다음 역사적 사실들을 순서대로 바르게 나열한 것은?

> ㉠ 노량 앞바다에서 패주하는 왜선 수백 척에 일격을 가하였다.
> ㉡ 신립은 충주의 탄금대에서 왜군에 맞서 싸웠으나 결국 패배하였다.
> ㉢ 이순신이 이끄는 수군은 한산도에서 다수의 왜군을 크게 격파하였다.
> ㉣ 행주산성에서 권율은 관군·백성들과 함께 왜군의 대규모 공격을 격퇴하였다.

① ㉡ - ㉢ - ㉠ - ㉣
② ㉡ - ㉢ - ㉣ - ㉠
③ ㉢ - ㉠ - ㉡ - ㉣
④ ㉢ - ㉠ - ㉣ - ㉡

13. 다음 자료에 대한 설명으로 옳지 않은 것은?

> 러시아를 막을 수 있는 조선의 책략은 무엇인가? 오직 중국과 친하며, 일본과 맺고, 미국과 연합함으로써 자강을 도모하는 길 뿐이다.

① 김홍집이 일본에서 가져왔다.
② 이만손을 비롯한 유생들이 반발하였다.
③ 흥선 대원군이 하야하는 계기가 되었다.
④ 미국과 통상 조약을 체결하는 데 영향을 주었다.

14. 다음 (가)에 들어갈 나라에 대한 설명으로 옳은 것은?

> 현재 __(가)__ 가 우리 대한을 향하여 절영도를 요구하고 있습니다. … 그 신하(臣下)된 자가 만약 조그마한 땅이라도 타국인에게 주면 이는 황제 폐하의 역신(逆臣)이며 역대 임금의 죄인이며 우리 대한 2천만 동포 형제의 원수입니다.

① 거문도를 불법으로 점령하였다.
② 최초로 최혜국 대우를 획득하였다.
③ 미국으로부터 경인선 부설권을 사들였다.
④ 아관 파천 이후 조선에 대한 영향력이 커졌다.

15. 밑줄 친 '이 단체'에 대한 설명으로 옳은 것은?

> 이 단체는 나라를 되찾은 후 고종을 복위시키려는 목표를 세우고, 전국적인 의병 봉기를 준비하였다. 그러나 일본 총리와 조선 총독에게 국권 반환 요구서를 보내려고 계획하던 중에 조직이 발각되어 해체되었다.

① 의병장 출신의 임병찬이 조직하였다.
② 105인 사건으로 국내 조직이 와해되었다.
③ 일제의 황무지 개간권 요구를 저지시켰다.
④ 풍기 광복단과 조선 국권 회복단이 통합한 단체이다.

16. 괄호에 들어갈 단체에 대한 설명으로 옳은 것은?

> 대한민국 임시 정부는 대한민국 원년(1919)에 정부가 공포한 군사조직법에 의거하여 중화민국 총통 장제스 원수의 특별 허락으로 중화민국 영토 내에서 ( )을/를 조직하고 … 공동의 적인 일본 제국주의자들을 타도하기 위하여 연합군의 일원으로 항전을 계속한다.

① 국내 진공 작전을 추진하였다.
② 중국 공산당과 연합 작전을 수행하였다.
③ 조선 혁명 선언을 활동 지침으로 삼았다.
④ 양세봉이 전사한 이후 세력이 약화되었다.

17. 밑줄 친 '이 지역'에서 일어난 사실로 옳은 것은?

> 러시아는 이 지역을 개척할 목적으로 한인의 이주를 허가하였다. 이에 따라 우리 동포는 두만강을 건너가 러시아 정부가 준 토지를 경작하거나 황무지 등을 개간하였다. 이후, 이 지역의 한인들은 집단으로 거주하면서 100여 개에 이르는 신한촌을 세웠다. 또한, 이 지역에 자치 기구를 만들고 학교를 세워 민족 의식을 불어넣었다.

① 중광단이 결성되었다.
② 권업회가 조직되었다.
③ 신흥 강습소가 설치되었다.
④ 대한인 국민회가 설립되었다.

18. 다음과 같이 주장한 역사학자의 활동으로 옳지 않은 것은?

> 역사란 무엇이뇨. 인류 사회의 아와 비아의 투쟁이 시간부터 발전하며 공간부터 확대하는 심적 활동의 상태의 기록이니, 세계사라 하면 세계 인류의 그리되어 온 상태의 기록이며, 조선사라 하면 조선 민족의 그리되어 온 상태의 기록이니라.

① 낭가 사상을 강조하였다.
② '독사신론'을 저술하였다.
③ 민족 중심의 역사 서술을 강조하였다.
④ 유물 사관의 입장에서 한국사를 연구하였다.

19. (가)와 (나) 사이에 있었던 사실로 옳은 것은?

> (가) 남북한은 자주·평화·민족적 대단결의 통일 원칙을 명시한 7·4 남북 공동 성명을 발표하였다.
> (나) 남북한은 유엔에 동시 가입하였고, 같은 해에 '남북 사이의 화해와 불가침 및 교류·협력에 관한 합의서(남북 기본 합의서)'를 채택하였다.

① 5·16 군사 정변
② 금융 실명제 실시
③ 한·일 국교 정상화
④ 박종철 고문 치사 사건

20. 다음 자료와 관련된 단체에 대한 설명으로 옳은 것은?

> • 우리는 전 민족의 정치적, 경제적, 사회적 기본 요구를 실현할 수 있는 민주주의 정권 수립을 기함.
> • 우리는 일시적 과도기에 있어서 국내 질서를 자주적으로 유지하며 대중 생활의 확보를 기함.

① 미 군정의 지원을 받아 결성되었다.
② 조선 인민 공화국의 수립을 선포하였다.
③ 미·소 공동 위원회의 조속한 재개를 요구하였다.
④ 조선 임시 정부의 구성을 원조할 목적으로 설치된 공동 위원회이다.

합격까지
박문각

실전동형 봉투모의고사

Vol. 2

한국사

제1회 ~ 제10회

정답 및 해설

한국사 정답 및 해설

1회차 문항분석표

구분	정치	경제	사회	문화
선사	2			
고대	4, 6, 7			5
중세	1, 3	13		
근세	10, 12			14
근대 태동기	9			11
근대 개항기	8, 15			19
일제 강점기	17, 18	16		
현대	20			

✅ 제1회 모의고사 정답

01 ③	02 ②	03 ①	04 ④	05 ②
06 ②	07 ④	08 ④	09 ③	10 ①
11 ③	12 ④	13 ③	14 ②	15 ①
16 ④	17 ②	18 ②	19 ②	20 ③

01 [고려의 대외 관계] ▶ ③

ⓒ 거란의 2차 침입 때의 사실로, 현종 재위 기간의 일이다. ⓔ 몽골의 1차 침입 때인 1231년의 일이다. ⓐ 무신 정권이 붕괴되자, 1270년 원종은 몽골의 지원을 받아 개경 환도를 단행하였다. ⓑ 우왕 때의 일이다.

02 [신석기 시대] ▶ ②

제시된 자료는 신석기 시대의 사회 모습을 서술하고 있다. ② 신석기 시대의 움집은 대부분 원형이나 모서리가 둥근 사각형 형태였다.

오답해설 ① 철기 시대의 농업 발달에 대한 설명이다. ③ 슴베찌르개는 구석기 후기에 제작된 사냥 도구이다. ④ 민무늬 토기와 미송리식 토기는 청동기 시대의 토기이다.

개념정리 선사 시대

구분	구석기	신석기	청동기
도구	뗀석기, 뼈도구 등	• 간석기 • 가락바퀴, 뼈바늘 • 토기(빗살무늬 토기)	• 간석기(반달 돌칼 등) • 청동제 무기 · 장신구 사용 (비파형 동검 등) • 토기(미송리식 토기, 민무늬 토기)
경제	• 어로, 사냥, 채집 생활 • 이동 생활	• 원시 농경 시작 • 정착 생활 시작	• 농경 발달(사유 재산 등장) • 벼농사 시작
사회	평등 사회	• 평등 사회 • 씨족 중심의 부족 사회 • 족외혼(폐쇄적)	계급과 지배자(군장) 등장
주거	동굴, 바위그늘, 막집	• 강가, 바닷가에 위치 • 움집: 반지하, 원형 · 장방형, 원형의 화덕(중앙)	• 야산 · 구릉 등에 위치(배산임수) • 움집: 지상 가옥화, 직사각형, 화덕(벽)
신앙	주술적	원시 신앙(애니미즘 · 토테미즘 · 샤머니즘)	선민 사상(정복 전쟁에 이용)
주요 유적지	• 연천 전곡리 • 공주 석장리	• 서울 암사동 • 황해 봉산 지탑리	• 부여 송국리 • 여주 흔암리

03 [궁예] ▶ ①

제시된 자료는 후고구려를 세운 궁예의 출생과 성장 과정을 간략히 서술한 것이다. ① 견훤에 대한 설명이다. 궁예는 송악(개성)에 도읍을 정하고 후고구려를 세웠다.

오답해설 ②,④ 궁예에 대한 설명이다. ③ 궁예와 견훤은 신라에 대한 적개심이 강하였다.

04 [금관가야] ▶ ④

제시된 자료는 가야의 건국 신화로, 알에서 깨어난 김수로왕은 금관가야를 건국했다고 전해진다. ④ 금관가야는 질 좋은 철을 생산했으며, 주변 국가에 철을 수출하였다.

오답해설 ① 대가야에 대한 설명이다. ② 백제 성왕에 대한 설명이다. ③ 신라에 대한 설명이다.

개념정리 가야 연맹

2세기	철기 문화 토대, 농업 생산력 증대 → 낙동강 하류 변한 지역에서 성장
3세기	김해의 금관가야 중심으로 전기 가야 연맹 성립: 김수로 건국, 낙동강 – 농경 문화 발달, 중계 무역(철)
4세기 초	한군현 소멸로 중계 무역 타격 → 전기 가야 연맹 약화 시작
4세기 중엽	• 백제와 신라의 공격으로 약화 • 백제(근초고왕)의 영향권에 편입
4세기 말~ 5세기 초	고구려 군대의 공격으로 거의 몰락
5세기 초	• 전기 가야 연맹 해체로 동남부(김해, 창원) 세력의 약화 • 북부(고령, 합천, 거창, 함양) 세력 유지
5세기 말	고령의 대가야 중심으로 후기 가야 연맹 성립
6세기 초	백제 · 신라와 대등, 신라와의 결혼 동맹(국제적 고립 탈피)
멸망	금관가야 멸망(법흥왕) → 백제와 연결(관산성 전투에서 성왕 지원) → 대가야 멸망(진흥왕)

05 [불국사] ▶ ②

제시된 자료는 김대성의 불국사와 석불사(석굴암)의 설립에 대한 내용이다. ② 몽골의 침입으로 소실된 문화재로는 황룡사 9층 목탑 등이 있다. 불국사는 임진왜란 때 목조 건축물이 불탔으나 이후 복원되었다.

오답해설 ① 불국사 안에는 석가탑과 다보탑이 있다. ③ 1995년 불국사와 석굴암이 유네스코 세계 문화유산으로 등재되었다. ④ 불국사는 부처가 사는 이상적인 모습을 표현하였으며, 통일 신라의 높은 불교 문화 수준을 보여 주고 있다.

06 [발해의 발전 과정] ▶ ②

ⓐ 발해 고왕(대조영)은 고구려 유민과 말갈인을 모아 길림성의 동모산 근처에 도읍을 정하고 발해를 세웠다(698). ⓒ 발해 무왕 때의 일이다. ⓑ 발해 문왕 때의 신라도 개설에 대한 설명이다. ⓔ 발해 선왕 때의 영토 확장에 대한 설명이다.

개념정리 발해 주요 국왕들의 업적

1대 고왕(대조영) (698~719)	• 발해 건국(698): 길림성 돈화시 동모산 • 국호: 진, 연호: 천통 • 당이 발해군왕에 임명
2대 무왕(대무예) (719~737)	• 일본과 수교, 흑수 말갈 공격 • 동북방 여러 세력 복속, 북만주 일대 장악 • 당의 등주 공격(장문휴) • 연호: 인안
3대 문왕(대흠무) (737~793)	• 상경 · 동경 천도, 중앙 통치 체제 정비 • 당과 친선 관계: 당이 발해국왕에 봉함. • 신라와 관계 개선: 상설 교통로(신라도) 개설 • 황상이라는 칭호 사용 • 고려국 표방, 유신 단행, 전륜성왕 자처 • 연호: 대흥 · 보력
5대 성왕(대화여) (737~793)	상경 천도
10대 선왕(대인수) (818~830)	• 행정 구역 개편: 5경 15부 62주 • 대부분의 말갈족 복속, 요동 진출 • 남쪽으로 신라와 접함. • 발해의 전성기: '해동성국' • 연호: 건흥
15대 대인선	거란의 야율아보기에 의해 발해 멸망(926)

07 [법흥왕] ▶④

제시된 자료의 밑줄 친 '이 왕'은 신라의 법흥왕이다. ④ 불교 공인은 법흥왕의 업적이다.

오답해설 ① 지증왕 때의 일이다. ② 눌지 마립간은 백제 비유왕과 나·제 동맹을 체결하였다. ③ 진흥왕의 업적이다.

08 [미국] ▶④

제시된 자료는 1880년대 이만손 등이 올린 '영남 만인소'의 내용으로 (가)에 들어갈 국가는 미국이다. ④ 조선 정부는 1882년 미국과 조·미 수호 통상 조약을 체결했는데, 이는 서양과 맺은 최초의 조약이다.

오답해설 ① 영국, ② 청나라, ③ 일본에 대한 설명이다.

09 [조선 후기의 정치] ▶③

인조 즉위는 1623년, 숙종 즉위는 1674년, 영조 즉위는 1724년, 순조 즉위는 1800년, 철종 즉위는 1849년의 일이다. ③ 『대전통편』은 정조 때 편찬된 법전으로, (다) 시기에 속한다.

오답해설 ① 순조 때의 일로, (라) 시기에 속한다. ② 정조 때의 일로, (다) 시기에 속한다. ④ 영조의 업적으로, (다) 시기에 속한다.

10 [사헌부] ▶①

제시된 자료의 (가)에 들어갈 정치 기구는 사헌부이다. ① 사헌부는 모든 관리들의 부정과 비행을 감찰하였다.

오답해설 ② 의금부, ③ 홍문관, ④ 비변사에 대한 설명이다.

11 [조선 후기의 문화] ▶③

제시된 자료는 조선 후기인 영조 때 노비종모법 반포와 관련된 내용이다. ③ 조선 전기인 세조 때 원각사지 10층 석탑을 건립하였다.

오답해설 ① 조선 후기의 회화에 대한 설명이다. ② 조선 후기의 일이다. ④ 『발해고』와 『해동역사』는 조선 후기에 편찬된 역사서들이다.

12 [태종] ▶④

제시된 자료는 조선 태종에 대해 서술한 것이다. ④ 태종은 6조 직계제를 시행하여 6조에서 의정부를 거치지 않고 국왕에게 직접 보고하도록 하였다.

오답해설 ① 조선 세조의 군제 개혁에 대한 설명이다. ② 조선 세종의 업적이다. ③ 조선 세종과 성종 때의 일이다. 태종은 오히려 유향소를 폐지하여 지방 세력을 견제하였다.

개념정리 조선 전기 국왕들의 업적

왕	내용
태조	• 조선 국호 제정(1393), 한양 천도(1394), 경복궁 건립 • 정도전 : 재상 중심의 정치 주장, 『조선경국전』·『불씨잡변』·『진도』 등 저술
태종	• 공신과 외척 세력 제거 • 6조 직계제 실시, 신문고 설치, 유향소 폐지(지방 세력 견제) • 호패법 실시 : 인구 파악, 조세와 군역 부과에 활용 • 창덕궁 건립, 혼일강리역대국도지도 제작
세종	• 집현전 육성, 사가독서제 실시, 의정부 서사제 실시 • 공법 시행(연분 9등법, 전분 6등법) • 쓰시마 정벌(이종무), 4군 6진 개척(최윤덕, 김종서), 계해약조 체결 • 훈민정음 반포, 『칠정산』 편찬, 측우기·자격루·간의 등 제작 • 『삼강행실도』, 『향약집성방』, 『의방유취』, 『농사직설』 등 편찬
세조	• 6조 직계제 실시, 집현전과 경연 폐지, 유향소 폐지 • 보법 실시, 5위제 확립, 직전법 실시, 원각사와 원각사지 10층 석탑 건립
성종	• 『경국대전』 반포, 홍문관 설치, 경연 활성화, 유향소 부활, 창경궁 건립 • 『국조오례의』, 『동국여지승람』, 『동문선』, 『동국통감』 등 편찬

13 [시정 전시과] ▶③

제시된 자료는 시정 전시과에 대한 내용이다. ③ 시정 전시과에서는 관품과 인품을 함께 반영하였고, 4색 공복 등을 기준으로 삼았다.

오답해설 ① 녹과전에 대한 설명이다. ② 지급 대상을 현직 관리로 삼은 토지 제도로는 고려의 경정 전시과, 조선의 직전법 등이 있다. ④ 고려 말 공양왕 때 제정된 과전법에 대한 설명이다.

14 [이이] ▶②

제시된 자료는 이이의 활동을 서술한 것이다. 이이는 현실적이고 개혁적인 성격을 지녔으며, 통치 체제의 정비와 수취 제도의 개혁 등 다양한 개혁 방안을 제시하였다. ② 이이는 『성학집요』를 통해 현명한 신하가 성학을 군주에게 가르쳐 그 기질을 변화시켜야 한다고 주장하였다.

오답해설 ①,③,④ 이황의 저서이다.

개념정리 이황 VS 이이

이황	이이
이 ≠ 기, 4단 ≠ 7정	이 = 기, 4단 = 7정
• 이기호발설(理氣互發說) • 기뿐만 아니라 이도 발동한다.	• 기발이승일도설(氣發理乘一途說) • 발하는 것은 기뿐이다.
사단칠정론 : 사단과 칠정은 별개	사단칠정론 : 칠정이 사단을 포함
근본주의적이고 이상주의적	현실적이고 개혁적
『성학십도』, 『주자서절요』, 『전습록변』	『성학집요』, 『동호문답』, 『격몽요결』
영남학파 : 유성룡, 김성일 등	기호학파 : 김장생, 송시열 등
예안 향약(안동)	해주 향약(해주), 서원 향약(청주)

15 [1차 갑오개혁] ▶①

제시된 자료는 1차 갑오개혁의 추진 과정을 서술한 것이다. ① 1차 갑오개혁 때 노비 제도를 법적으로 폐지하여 신분 제도를 철폐하였다.

오답해설 ② 정부는 1880년 통리기무아문을 설치하여 개화 정책을 추진하였다. ③ 재정 고문 메가타는 한국 경제의 가장 큰 문제가 백동화 남발로 인한 화폐 유통의 혼란과 물가 폭등에 있다고 하면서 1905년 화폐 정리 사업을 추진하였다. ④ 대한 제국 시기의 군제 개편에 대한 설명이다.

개념정리 갑오개혁과 을미개혁

구분	제1차 갑오개혁	제2차 갑오개혁	을미개혁
정치	• 정부와 왕실 사무 분리 • 개국 연호 사용 • 과거제 폐지 • 6조 → 8아문	• 내각제 시행 • 8아문 → 7부제 • 8도 → 23부 • 사법권과 행정권 분리(지방 재판소 설치, 지방관 권한 축소)	• 연호 '건양' • 친위대, 진위대
경제	• 재정 일원화(탁지아문) • 도량형 통일 • 조세 금납화, 은 본위제 • 지세와 호세로 통합(조세 항목)	징세사·관세사 등 설치(징세 업무)	
사회	• 공·사노비법 폐지 • 고문과 연좌제 폐지 • 조혼 금지, 과부 개가 허용	교육 입국 조서 → 한성 사범 학교, 한성 중학교, 외국어 학교 등 설립에 영향	• 태양력 사용 • 단발령 • 우편 사무 재개 • 소학교 설치

16 [물산 장려 운동] ▶④

제시된 자료는 조선 물산 장려회 궐기문의 내용으로, 1920년대 전반에 전개된 물산 장려 운동에 대한 것이다. ④ 국채 보상 운동은 대한 자강회 등 애국 계몽 단체와 황성신문, 대한매일신보, 제국신문 등이 호응하여 전국적으로 확산되었다.

오답해설 ①,②,③ 물산 장려 운동에 대한 설명이다.

개념정리 물산 장려 운동

배경	일본 기업의 진출로 민족 자본의 위기 심화, 한·일 간 관세 철폐 움직임	
전개	설립	• 조만식을 중심으로 평양에서 시작(1920) • 서울에서 조선 물산 장려회 조직(1923) → 전국에 지부 설치
	목적	국산품 장려와 근검·절약을 통한 민족 산업 육성 → 민족 경제의 자립
	내용	• 토산품 애용 선전 → '내 살림 내 것으로', '조선 사람 조선 것으로' • 근검 저축, 금주·단연 운동 등 추진
쇠퇴	• 사회주의 계열 및 일부 민중들이 자본가 계급만을 위한 운동이라고 비난 • 일제의 감시와 탄압	

17 [무단 통치] ▶ ②

제시된 자료는 1910년에 제정되어 1920년에 폐지된 회사령의 내용이다. ② 1910년대 일제는 헌병 경찰 제도를 실시하였다.

오답해설 ① 중·일 전쟁(1937) 이후인 민족 말살 통치 시기에 일제는 창씨개명을 실시하여 우리의 성과 이름을 일본식으로 바꾸도록 강요하였다. ③ 1941년 국민학교령에 따라 초등 교육 기관인 소학교의 명칭을 국민학교로 바꾸었다. ④ 중·일 전쟁 이후 일제는 공출 제도를 실시하였다.

18 [의열단] ▶ ②

밑줄 친 '김상옥'과 '나석주'는 모두 의열단 소속 단원들이다. ② 1919년 만주 길림성에서 신흥 무관 학교 출신인 김원봉 등이 의열단을 조직했는데, 이 단체는 신채호가 쓴 '조선 혁명 선언'을 행동 지침으로 삼았다.

오답해설 ① 독립 의군부에 대한 설명이다. ③ 독립 의군부와 대한 광복회 등에 대한 설명이다. ④ 암태도 소작 쟁의는 1923년 전라도 암태도의 농민들이 소작료 인하 등을 요구한 사건으로, 의열단과는 관련이 없다.

19 [독립신문] ▶ ②

② 제시된 자료는 1896년에 창간된 독립신문에 대해 설명한 내용이다. 외세의 침투가 계속되어 나라의 자주권이 크게 위협을 당하면서 국민들 사이에 나라의 자주독립을 지키려는 움직임이 일어나고 있었다. 이러한 상황 속에서 정부의 지원을 받은 서재필과 개화파 지식인들이 중심이 되어 독립신문을 창간하였다. 독립신문은 한글판과 영문판으로 발행되어 국내외 사람들에게 대한 제국의 상황을 널리 알리고자 하였다.

개념정리 근대의 언론

구분	발행	기간	활동과 성격
한성순보	박문국	1883~1884	• 최초의 신문(관보 성격), 순 한문 • 1886~1888년 한성주보 발행(최초로 국한문 혼용체 사용)
독립신문	독립협회	1896~1899	• 최초의 민간 신문 • 대중 계몽을 위한 한글판과 외국인을 위한 영문판 발행
황성신문	남궁억	1898~1910	• 장지연, '시일야방성대곡' • 양반 유생 대상 국한문 혼용체 • 황무지 개간권 반대 운동 전개, 보안회 후원
제국신문	이종일	1898~1910	순한글, 부녀자와 서민층 대상
대한매일신보	베델, 양기탁	1904~1910	• 고종의 을사조약 부당성 폭로 친서 발표 • 국문/영문 → 국문/국한문/영문, 박은식·신채호 활약 • 항일 논조 강함, 의병에 대해서도 호의적 • 황무지 개간권 반대 운동과 국채 보상 운동 주도
만세보	천도교	1906~1907	• 천도교 기관지 • 국한문 혼용, 일진회 공격

20 [6월 민주 항쟁] ▶ ③

제시된 자료는 1987년 6월 민주 항쟁의 원인이 된 박종철 고문 치사 사건에 대한 내용이다. ③ 6월 민주 항쟁은 전두환 정부 때 일어난 민주화 운동으로, 전국에서 100만 명 이상의 시민들이 시위에 참여하여 조직적·범국민적으로 시위를 전개하였다.

오답해설 ① 4·19 혁명의 결과에 대한 설명이다. 1987년 6월 민주 항쟁의 결과 대통령 직선제와 5년 단임제를 주요 내용으로 하는 9차 개헌을 이끌어냈다. ② 1980년 5·18 광주 민주화 운동에 대한 설명이다. ④ 1964년 6·3 시위에 대한 설명이다.

합격까지

박문각

한국사 정답 및 해설

2회차 문항분석표

구분	정치	경제	사회	문화
선사	1			
고대	2, 6, 11		5	
중세	8, 12			3
근세	4			9
근대 태동기	7	13		
근대 개항기	14, 15			10
일제 강점기	18, 19			16
현대	20			
통합	17			

✓ 제2회 모의고사 정답

01 ③	02 ③	03 ②	04 ②	05 ④
06 ④	07 ②	08 ③	09 ③	10 ③
11 ④	12 ④	13 ①	14 ③	15 ②
16 ③	17 ④	18 ③	19 ③	20 ①

01 [청동기 시대] ▶ ③

제시된 자료는 청동기 시대의 대표적인 무덤인 고인돌에 대해 서술한 것이다. ③ 청동기 시대에 들어와 방어 및 의례의 목적으로 마을 주변에 환호를 두르고 목책을 설치하였다.

오답해설 ① 신석기 시대에 들어와 토테미즘, 애니미즘 등과 같은 원시 신앙이 등장하였다. ② 구석기 시대에 대한 설명이다. ④ 신석기 시대에는 농경이 시작되어 조, 피, 수수 등의 작물을 재배하였다.

02 [연개소문] ▶ ③

제시된 자료의 밑줄 친 '그'는 연개소문이다. 연개소문은 귀족과 연결된 불교의 세력을 약화시키기 위해 도교를 적극적으로 수용하였다. ③ 연개소문은 천리장성의 축조를 감독하면서 요동 지방의 군사력을 장악할 수 있었다.

오답해설 ① 신라의 김유신에 대한 설명이다. ② 매소성 전투는 675년 신라가 당나라를 격파한 사건이다. 따라서 연개소문과는 관련이 없다. ④ 고구려 보장왕, 신라 문무왕 등에 대한 설명이다.

03 [『삼국유사』] ▶ ②

제시된 자료는 일연이 저술한 『삼국유사』 서문의 내용이다. ② 일연은 단군을 우리 민족의 시조로 여겨 『삼국유사』에 단군의 건국 이야기를 수록하였다.

오답해설 ① 기전체 역사서로는 『삼국사기』, 『고려사』 등이 있다. ③ 이규보의 『동명왕편』에 대한 설명이다. ④ 김부식이 저술한 『삼국사기』 등에 대한 설명이다.

개념정리 고려 후기의 역사서

해동고승전(각훈)	• 중국과 대등한 입장에서 교종의 관점으로 우리나라 불교사를 정리 • 고대의 승려 30명의 전기 수록, 현재 일부만 전함.
동명왕편(이규보)	• 고구려 시조 동명왕에 대한 서사시 • 고구려 계승 의식, 자주적, 민족적
삼국유사(일연)	• 삼국 역사를 서술(왕력·기이·흥법·탑상·효선편 등) • 자주적, 민족적, 고조선 계승 의식(단군 신화 수록) • 불교 관계 자료와 민간 전승, 신화와 설화 수록
제왕운기(이승휴)	• 상권에서 중국 역사, 하권에서 고조선~고려 충렬왕 때까지 다룸. • 자주적, 민족적, 고조선 계승 의식(단군 신화 수록)

04 [세종] ▶ ②

제시된 자료는 세종 때 실시된 의정부 서사제와 관련된 내용이다. ② 세종은 최윤덕을 파견하여 압록강 유역(4군)을 확보하고, 김종서를 파견하여 두만강 유역(6진)을 개척하였다.

오답해설 ① 태종 때의 일이다. ③ 성종은 훈구 세력을 견제하기 위해 김종직을 비롯한 사림 세력을 등용하였다. ④ 세조 때의 직전법 실시와 관련된 내용이다. 직전법 실시에 따라 현직 관리에게만 토지를 지급했으며, 수신전과 휼양전은 폐지되었다.

05 [신라의 골품제] ▶ ④

④ 진골 귀족은 중앙 관부의 최고 책임자인 장관과 지방 행정 조직의 장관직(주의 도독), 군대의 장군 등 중요 관직을 독점했으며, 식읍과 전장 등을 경제적 기반으로 삼았다.

오답해설 ① 진골에 대한 설명이다. ② 관등 승진에서 중위제를 적용받은 것은 6두품이다. ③ 진골은 제1관등인 이벌찬까지 승진할 수 있었지만, 6두품은 제6관등인 아찬까지만 승진할 수 있었다.

06 [경덕왕] ▶ ④

제시된 자료는 경덕왕 때의 녹읍 부활과 관련된 내용이다. ④ 경덕왕은 한화 정책을 추진하여 지방 행정 지역의 명칭(9주·군현)을 중국식으로 고쳤다.

오답해설 ① 신문왕 때의 일이다. ② 성덕왕의 업적이다. ③ 신문왕은 유교 교육 기관인 국학을 설치하였다.

개념정리 신라 중대 국왕들의 업적

왕	주요 업적
신문왕	• 김흠돌의 난을 계기로 귀족 세력 숙청 • 14부의 중앙 통치 조직 완성, 9주 5소경, 9서당 10정 편제, 국학 설립(유학 교육 기관) • 관료전 지급(687), 녹읍 폐지(689)
성덕왕	• 정전 지급, 공자와 그 제자들의 초상화를 국학에 안치(국학의 권위 강화) • 당과의 국교 재개(대동강 이남의 영토에 대한 지배권 인정)
경덕왕	• 중시의 명칭을 시중으로 격상 • 한화 정책: 관직과 지방의 명칭을 중국식으로 변경 • 녹읍 부활, 불국사·석굴암 축조(완성: 혜공왕)
혜공왕	진골 세력의 반란: 대공의 난, 96각간의 난, 김지정의 난

07 [조선 후기의 군사 제도] ▶ ②

② 고려 시대의 양계에 설치된 주진군에 대한 설명이다. 훈련도감은 포수, 살수, 사수로 구성되었다.

오답해설 ① 정조는 국왕의 친위 부대로 장용영을 설치하였다. ③ 어영청은 효종의 북벌 운동에 따라 정비·강화되었으며, 북벌 계획의 본영 구실을 하였다. ④ 숙종 때 금위영이 추가로 설치되어 17세기 말에는 5군영 체제가 갖추어졌다.

개념정리 조선 후기의 군사 제도

	개편 배경		• 16세기 이후 군역의 대립제 일반화 → 5위가 제기능 수행 못함. • 임진왜란 초기의 패전으로 효과적 편제와 군사 훈련 방식 모색
중앙군 (5군영)	편성	군영	특징
		훈련도감	• 임진왜란 중 설치 • 삼수병(포수, 살수, 사수)
		어영청	효종 때 북벌 운동의 중추 기관
		총융청	북한산성 수비
		수어청	남한산성 수비
		금위영	• 기병, 보병 중심 • 금위영 설치로 조선 후기의 5군영 체제 완성
지방군 (속오군)	구성		양천 혼성 부대: 속오법(양반~노비) → 양반들이 노비와 함께 편제되는 것을 회피 → 상민·노비만 남음. → 영조 이후 점차 양인 제외, 천인으로 편제 → 천예군이라 불림.
	운영		평상시: 생업 종사 / 유사시: 전투 / 농한기: 훈련 / 경비: 자담
	영향		양반들의 회피 → 상민과 노비의 부담 가중, 진관 체제의 기능 회복

08 [고려 성종] ▶③

제시된 자료는 최승로가 성종에게 올린 시무 28조의 내용이다. ③ 고려 현종은 강감찬의 건의에 따라 개경에 나성을 쌓았다.

오답해설 ① 그려 성종 때 물가 조절 기관인 상평창을 설치하였다. ② 고려 성종은 유교 교육 기관인 국자감을 설치하였다. ④ 고려 성종은 신분 질서 확립을 목적으로 노비환천법을 실시하였다.

개념정리 고려 전기의 국왕

1대 태조 (연호 : 천수)	• 민생 안정책 : 조세 수취의 완화(취민유도), 흑창 설치(빈민 구제 · 진대법 계승) • 호족 세력 통합 : 유력한 호족과 혼인, 사성 정책, 역분전, 본관제 • 북진 정책 : 서경 중시, 태조 말년 청천강~영흥만까지 영토 확장, 발해 유민 포섭(대광현), 거란에 적대적(만부교 사건) • 지방 통제 : 사심관 제도, 기인 제도 • 훈요 10조, 『정계』·『계백료서』 등, 불교 숭상(연등회 · 팔관회 개최 강조)
2대 혜종	유력 호족인 왕규의 난 발생
3대 정종	서경 천도 계획(실패), 광군보(불교 장려), 광군사 설치(거란 침입 대비)
4대 광종 (연호 : 광덕 · 준풍)	• 노비안검법(불법적으로 노비가 된 사람들 양인으로 해방), 과거제(쌍기의 건의) • 칭제건원, 개경(황도) · 서경(서도), 공복 제정(자 · 단 · 비 · 녹) • 공신 세력 숙청 : 대상 준홍, 좌승 왕동 등을 모역죄로 숙청 • 친위군인 내군을 장위부로 개편, 송나라와 수교, 제위보(빈민 구제) • 불교 정책 : 귀법사(균여), 중국에 승려 파견(의통 · 제관 등)
5대 경종	시정 전시과 실시
6대 성종	• 유교 정치의 실현 : 최승로의 시무 28조 수용, 환구단 · 사직 설치 • 중앙 · 지방 제도 : 중앙 관제 정비(2성 6부제), 문무산계제, 12목 설치, 향리 제도 · 3경 · 분사 제도 정비 • 의창과 상평창 설치, 노비환천법 실시 • 교육 조서 반포, 국자감 정비, 문신월과법, 도서관 건립(비서성 · 수서원), 지방에 경학박사와 의학박사 파견 • 대외 관계 : 거란의 1차 침입, 강동 6주 확보(서희)

09 [혼일강리역대국도지도] ▶③

③ 조선 후기에 김정호가 만든 「대동여지도」에 대한 설명이다.

오답해설 ① 혼일강리역대국도지도는 조선 전기인 태종 때 제작된 지도로, 조선 전기의 세계관이 반영되었다. ② 혼일강리역대국도지도에는 유럽, 아프리카, 중국 등이 그려져 있으며, 아메리카 대륙은 빠져 있다. ④ 혼일강리역대국도지도에 대한 설명이다.

10 [근대 개항기의 사회 모습] ▶③

제시된 자료는 전차가 처음 운행하기 시작한 시기인 1899년의 사회 모습을 서술한 내용이다. ③ 1899년 대한 제국은 근대적 주권 국가임을 대외적으로 선포하고, 대내적으로 황제권의 내용을 공법(公法)에 의거하여 구체적으로 명시하였다.

오답해설 ① 1370년대의 일이다. ② 1884년 갑신정변 때의 일이다. ④ 당오전은 임오군란 이후 청나라 이홍장의 추천으로 고문으로 초빙된 묄렌도르프의 건의에 의해 1883년부터 주조되어 1894년까지 유통되었던 화폐이다.

11 [백제 성왕] ▶④

제시된 자료는 『삼국사기』의 내용으로, 밑줄 친 '백제의 왕 명농'은 백제 성왕이다. ④ 백제 성왕은 사비로 천도하고 국호를 남부여로 고치며 중흥을 꾀하였다.

오답해설 ① 백제 무왕 때 미륵사를 건립하였다. ② 백제 고이왕 때의 중앙 관제 정비에 대한 설명이다. ③ 백제 문주왕은 475년 웅진으로 천도하였다.

12 [고려의 중앙 정치 제도] ▶④

④ 문하시중은 중서문하성의 장관으로, 국정을 총괄하였다.

오답해설 ① 증추원에 대한 설명이다. ② 고려 시대 중서문하성의 낭사는 어사대의 관원과 함께 대간이라고 불리며 관원 임명시 동의 여부에 서명할 수 있는 서경 등의 임무를 수행하였다. ③ 고려의 삼사에 대한 설명이다.

개념정리 고려의 중앙 정치 제도

2성	중서문하성[문하시중] 국정 총괄	• 재신(2품↑) : 국가 정책 심의, 백관 통솔 • 낭사(3품↓) : 간쟁, 봉박, 서경
	상서성[상서령]	정무 집행, 하위 기관으로 6부를 둠.
6부		상서성 소속, 실제 정무 분담
중추원(추부)		• 판추사 · 추밀(추신) : 2품 이상의 고관, 군국기무 담당 • 승선(3품) : 왕명 출납 담당
어사대		풍기 단속과 감찰 업무, 서경권
삼사		화폐 · 곡식의 출납 등 회계 업무 담당
춘추관		실록 · 국사 편찬 담당
한림원		왕명 · 교서 작성 주관, 외교 문서 작성
外 도병마사		• 양부의 고관인 재신 + 추밀(재추 : 주요 관직 겸직) : 재추 회의 • 국방 문제 담당 임시 기구 → 충렬왕 때 도평의사사(도당)로 개편 • 국정 전반을 담당하는 최고 기구로 발전(상설 기구화)
内 식목도감		• 도병마사와 같은 임시 기구(고관들이 모여 회의) • 법 제정이나 각종 시행 규정 담당
대성(대간, 성대)		어사대 + 중서문하성의 낭사, 언관 역할(왕권의 독주 견제)

13 [대동법] ▶①

제시된 자료는 대동법 실시에 대한 내용이다. 대동법은 광해군 때 이원익 등의 주장에 따라 경기도에서 시범적으로 시행되었다. ① 대동법의 실시로 기존에 호세로 징수하던 공물을 토지 결수에 따라 토지 소유자에게 부과하게 되었다.

오답해설 ② 세종 때 제정된 전분 6등법에 대한 설명이다. ③ 영조 때 제정된 균역법에 대한 설명이다. ④ 인조 때 제정된 영정법에 대한 설명이다.

개념정리 대동법

배경	• 방납의 폐해 극심 - 농민들의 토지 이탈↑ • 양란 이후 정부의 재정 상태 악화
내용	• 집집마다 현물로 납부하던 공납을 토지의 결수에 따라 쌀, 삼베나 무명, 동전으로 징수 → 토지 1결마다 12두 납부 • 공인(貢人) : 어용 상인, 관청에서 공가를 미리 받아 필요한 물품을 사서 납부
과정	• 양반 지주의 반대가 심하여 점진적으로 확대 실시 • 광해군(1608) : 경기에서 시행 → 인조(1624) : 강원도 → 효종(1651) : 충청, 전라도 → 숙종(1708) : 함경, 평안도를 제외한 전국에 실시
결과	• 공납의 금납화, 전세화 • 상품 화폐 경제의 발달 : 도고 · 공인의 성장 • 폐단의 재발 : 상납미↑, 유치미↓, 지방 관아 재정의 악화 → 농민 수탈 다시 강화 • 현물 징수의 존속 : 진상 · 별공의 잔존, 수시로 토산물 징수

14 [근대의 정치 상황(동학 농민 운동)] ▶③

ⓐ 1894년 4월의 일이다. ㉠ 1894년 5월 정부는 농민군과 타협하여 전주 화약을 체결하였다. ㉢ 1894년 6월 21일 일본은 군대를 동원하여 경복궁을 점령하고, 민씨 정권을 붕괴시켰다. 이에 반발하여 2차 동학 농민 운동이 일어났다. ㉡ 2차 동학 농민 운동 때인 1894년 10월의 일이다.

15 [조 · 일 무역 규칙] ▶②

제시된 자료는 1876년 8월에 체결된 조 · 일 무역 규칙에 대한 내용이다. ② 조 · 일 무역 규칙에는 양곡의 무제한 유출이 규정되어 방곡령 선포권이 박탈되었다.

오답해설 ① 1882년에 체결된 조 · 미 수호 통상 조약에 대한 설명이다. ③ 한성 조약, 톈진 조약 등에 대한 설명이다. ④ 강화도 조약에 규정된 내용이다.

개념정리 근대의 조약

구분	주요 내용	1880년대 이후 변화
조 · 일 무역 규칙 (조 · 일 통상 장정) (1876. 8.)	• 무관세 및 무항세 • 양곡의 무제한 유출(방곡령 선포권 박탈)	1883년 통상 장정 개정 • 관세 자주권 일부 회복 • 방곡령 선포권 회복 • 최혜국 대우 규정(여전히 불평등한 조약)
조 · 일 수호 조규 부록 (1876. 8.)	• 일본 외교관의 내지 여행 허용 • 개항장에서의 일본 화폐의 유통 허용 • 개항장에서의 일본인 거주지(조계) 설정 • 간행이정 10리(거류지 무역)	1882년 임오군란 이후 • 청 : 조 · 청 상민 수륙 무역 장정(내지 통상 허용) • 일 : 조 · 일 수호 조규 속약(1882, 간행이정 50리 확대) → 조선 시장에서 청 · 일 상인 치열한 경쟁 • 주요 열강들 : 최혜국 대우 내세워 내지 통상

16 [일제 강점기의 역사가] ▶ ③

ⓒ 신채호는 『조선상고사』를 연재하여 민족 의식을 고취하였다. ② 백남운은 『조선봉건사회경제사』를 저술하여 고려 시대와 조선 시대에도 봉건 사회가 존재했음을 밝혔다.

오답해설 ③ 『한국통사』는 박은식이 저술하였다. ⓒ 안재홍이 아니라 정인보가 저술하였다.

17 [지역사(제주도)] ▶ ④

제시된 자료는 1948년 4월에 일어난 제주 4·3 사건의 과정을 서술한 내용이다. ④ 고려 시대에 원나라는 제주도에 탐라총관부를 설치하였다.

오답해설 ① 강화도에 대한 설명이다. ② 공주(웅천주)에 대한 설명이다. ③ 조선 전기에는 춘추관, 충주, 전주, 성주에 실록을 보관하는 사고를 두었다. 그러나 임진왜란 때 전주 사고본을 제외하고 소실되면서 임진왜란 이후에는 서울(춘추관), 오대산, 태백산, 적상산, 강화도(마니산)에 사고를 다시 마련하여 실록을 보관하였다.

18 [임시 정부] ▶ ③

ⓒ 임시 정부는 비밀 행정 조직인 연통제를 만들어 국내와 연락하였다. ② 임시 정부는 중국 국민당 정부를 따라 이동하다가 1940년 충칭에 정착하였다.

오답해설 ③ 전환국이 설치된 것은 근대 시기인 1883년의 일이다. ⓒ 1907년 정미의병 때의 일이다.

19 [1920년대 문화 통치] ▶ ③

제시된 자료의 밑줄 친 '새로운 정책'은 1920년대 문화 통치 방침에 따라 실시된 정책들을 일컫는다. ③ 1920년대 일제는 헌병 경찰제를 폐지하고, 보통 경찰제를 실시하여 경찰 업무와 군대 업무를 분리하였다.

오답해설 ① 토지 조사국 설치는 1910년의 일이다. ② 1912년 조선 태형령을 제정하여 갑오개혁 때 폐지된 태형을 조선인에 한하여 부활시켰다. ④ 일제는 1918년 조선 식산 은행을 설립하여 금융과 산업에 대한 침탈을 강화하였다.

개념정리 1920년대 문화 통치

배경	3·1 운동을 계기로 무단 통치의 한계 자각, 악화된 국제 여론 의식
본질	친일파를 길러 우리 민족을 이간·분열시키려는 교활한 기만 정책
내용	• 문관 총독 임명 가능(실제로 문관이 총독에 임명된 적이 한 번도 없음.) • 보통 경찰 제도 실시: 경찰 업무와 군대 업무 분리 → 탄압 강화: 경찰 병력 3배 이상 증가, 치안 유지법 제정(1925) • 언론, 출판의 자유 일부 허용: 동아일보, 조선일보 등 한글 신문 간행(검열은 강화) • 지방 자치제 실시: 조선인의 정치 참여 선전 목적, 도 평의회 등을 두었으나 의결권 없는 자문 기구에 불과, 일부 지역에 선거제 도입(소수의 부유층 대상) • 교육 기회 확대: 제2차 조선 교육령(1922), 학교 수도 어느 정도 늘어남.

20 [발췌 개헌(1차 개헌)] ▶ ①

6·25 전쟁은 1950년에 일어났으며, 휴전 협정은 1953년 7월에 체결되었다. 4·19 혁명은 1960년에 발발했으며, 5·16 군사 정변은 1961년의 일이다. 그리고 유신 헌법은 1972년에 공포되었다. 제시된 자료는 1952년에 통과된 발췌 개헌에 규정된 내용이다. 따라서 ① 시기에 속한다.

합격까지

박문각

한국사 정답 및 해설

3회차 문항분석표

구분	정치	경제	사회	문화
선사	9			
고대	10, 11, 12			13
중세	14, 15			
근세	19	18		
근대 태동기	16	20		
근대 개항기	1, 2, 3			
일제 강점기	4, 5, 6			7
현대	8			
통합	17			

✅ 제3회 모의고사 정답

01 ③	02 ④	03 ③	04 ①	05 ③
06 ①	07 ④	08 ①	09 ②	10 ④
11 ③	12 ④	13 ③	14 ①	15 ③
16 ④	17 ④	18 ④	19 ②	20 ④

01 [흥선 대원군] ▶③

제시된 자료는 흥선 대원군의 경복궁 중건에 대한 내용이다. ③ 흥선 대원군은 47개의 사액 서원만 남기고, 노론의 정신적 지주인 만동묘를 비롯한 폐단이 큰 서원들을 철폐하였다.

오답해설 ① 조선 숙종 때 백두산정계비를 세워 청과의 국경을 확정하였다. ② 조선 철종 때의 일이다. ④ 김홍집에 대한 설명이다.

개념정리 흥선 대원군의 개혁 정치

	인재 등용	안동 김씨 세력 축출, 사색당파의 인재를 고루 등용
왕권 강화	비변사 폐지	비변사 사실상 폐지 ↔ 의정부와 삼군부의 기능 회복
	법전 편찬	『대전회통』, 『육전조례』 편찬 → 통치 체제 재정비
	경복궁 중건	• 왕실의 위엄을 높이기 위해 경복궁 중건 • 공사 비용 마련: 원납전 강제 징수, 당백전 남발(물가 폭등 초래), 청나라에서 청전(淸錢) 수입하여 유통, 결두전, 통행세 등 • 양반의 묘지림 벌목, 백성들을 강제로 공사에 동원
민생 안정	삼정의 문란 시정	• 전정: 양전 실시(은결 색출), 지방관과 토호의 토지 겸병 금지 • 군정: 호포법(양반에게 군포 징수) → 군포를 개인이 아니라 호 단위로 부과 • 환곡: 지방관이 아니라 지역민이 자치적으로 운영(중간 수탈 배제)
	서원 철폐	• 배경: 서원이 면세·면역의 특권 누리며 인근 백성을 수탈 • 과정: 47개의 사액 서원만 남기고 600여 개의 서원과 만동묘(명나라 황제 제사) 철폐, 서원 소속의 토지와 노비 몰수(국가 재정 확충)

02 [임오군란] ▶④

제시된 자료는 1882년에 발발한 임오군란에 대한 내용이다. ④ 임오군란의 결과, 조선은 청과 조·청 상민 수륙 무역 장정을 체결하였다.

오답해설 ① 신미양요 이후 흥선 대원군은 전국 각지에 척화비를 건립하였다. ② 갑신정변 때의 일이다. ③ 1894년 1차 동학 농민 운동에 대한 설명이다.

개념정리 임오군란의 전개 과정

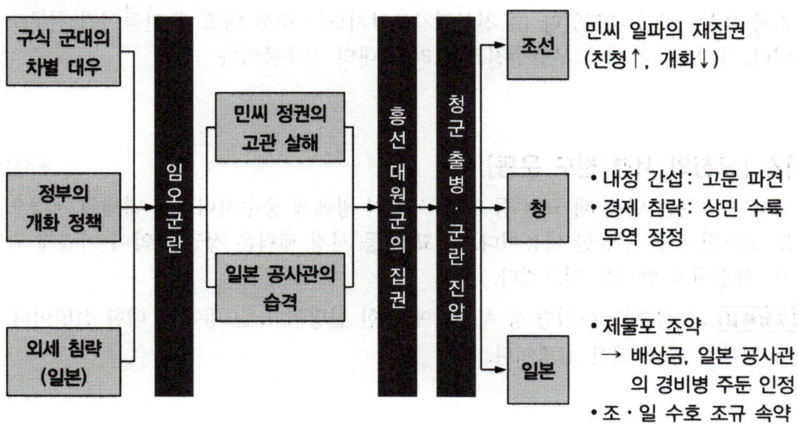

03 [신민회] ▶③

제시된 자료의 밑줄 친 '이 단체'는 신민회이다. 105인 사건을 계기로 신민회의 국내 조직이 해체되었다. ③ 신민회는 국외 무장 투쟁 노선을 채택하여 장기적인 독립운동을 계획하였다. 이에 따라 남만주 등지에 독립운동 기지를 건설하였다.

오답해설 ①,② 독립 협회에 대한 설명이다. ④ 헌정 연구회 등에 대한 설명이다. 신민회는 공화 정체의 근대 국가 수립을 목적으로 활동하였다.

개념정리 애국 계몽 운동 단체

보안회 (1904)		민중 집회를 열어 일본의 황무지 개간권 요구를 철회시킴.
헌정 연구회 (1905)		• 독립 협회 계승 • 의회 설립을 통한 입헌적 정치 체제 수립 노력 • 일진회를 규탄하던 중 통감부에 의해 해산
대한 자강회 (1906)		• 헌정 연구회를 모체로 조직, 윤치호·장지연 등 주도 • 교육과 산업 진흥을 통한 실력 양성 운동 전개, 월보 간행 • 고종 황제의 강제 퇴위 반대 운동 중 보안법에 의해 강제 해산
신민회 (1907)	목표	국권 회복, 공화 정체의 국민 국가 수립
	국내	실력 양성 운동 전개: 민족 교육(대성 학교, 오산 학교), 민족 자본 육성(자기 회사, 태극서관)
	국외	독립운동 기지 건설: 남만주의 삼원보(신한민촌 건설, 경학사 조직, 신흥 강습소 설립) 등
	해산	105인 사건(1911)

04 [의열단] ▶①

제시된 자료는 1919년 김원봉과 윤세주 등 신흥 무관 학교 출신의 청년들이 조직한 의열단에 대한 내용이다. ① 1935년 의열단을 중심으로 중국 관내의 여러 단체들이 민족 독립운동의 단일 정당을 목표로 민족 혁명당을 결성하였다.

오답해설 ② 임시 정부에 대한 설명이다. ③ 이봉창은 한인 애국단 소속의 단원이다. ④ 신간회에 대한 설명이다.

개념정리 의열단

조직		1919년 만주 길림성에서 김원봉, 윤세주 등을 중심으로 조직된 비밀 결사
목표		• 일제 요인 암살과 식민 통치 기관의 파괴, 민중의 직접 혁명을 통한 일제 타도 • 신채호의 조선 혁명 선언(1923)을 행동 강령으로 삼음.
주요 의거 활동	박재혁(1920)	부산 경찰서에 폭탄 투척
	최수봉(1920)	밀양 경찰서에 폭탄 투척
	김익상(1921)	• 조선 총독부에 폭탄 투척(1921) • 상하이에서 일본 육군 대장 다나카 저격(1922)
	김상옥(1923)	종로 경찰서에 폭탄 투척
	김지섭(1924)	일본 도쿄 궁성에 폭탄 투척(이중교 의거)
	나석주(1926)	동양 척식 주식회사와 철도 회사, 식산 은행에 폭탄 투척
활동의 변화		• 개별적 투쟁의 한계 인식 → 1920년대 중후반, 조직적인 무장 투쟁 노선으로 전환 • 일부 단원들 중국의 황포 군관 학교에 입학, 조선 혁명 간부 학교 설립 • 민족 혁명당(1935): 중국 난징에서 의열단, 한국 독립당, 대한 독립당, 신한 독립당, 조선 혁명당 5개 단체가 통합하여 결성 → 산하의 군사 조직으로 조선 의용대(1938) 편성 → 1942년 충칭 임시 정부에 합류

05 [일제 강점기의 정치 상황] ▶③

밑줄 친 '산미 증식 계획'은 1920년부터 1934년까지 실시되었다. ③ 1917년 상하이에서 신채호, 조소앙 등이 대동단결 선언을 발표하였다.

오답해설 ① 간도 참변에 따라 독립군 부대들은 러시아 영토인 자유시로 이동했으나, 적색군에 의해 무장 해제를 당했다. 이 과정에서 수백 명의 독립군들이 피해를 입는 자유시 참변(1921)이 일어났다. ② 1923년의 일이다. ④ 1925년의 일이다.

06 [독립 의군부] ▶①

제시된 자료는 독립 의군부에 대해 설명하고 있다. ① 독립 의군부는 1912년 국내에서 결성된 비밀 결사 단체로, 고종의 복위를 목표로 하였다.

오답해설 ② 임시 정부에 대한 설명이다. ③ 신흥 강습소는 이회영, 이시영 등이 중심이 되어 남만주에 설립된 단체이다. ④ 대한 광복회에 대한 설명이다.

07 [박은식] ▶③

제시된 자료는 박은식의 『한국통사』 서문이다. ③ 박은식은 『한국독립운동지혈사』를 통해 갑신정변부터 3·1 운동까지 일제의 침략에 대항한 민족의 독립운동을 서술하였다.

오답해설 ① 실증주의 사학자인 이병도 등은 1934년에 진단 학회를 조직하고 진단학보를 발간하여 한국사 연구에 힘썼다. ② 신채호가 주장한 내용이다. ④ 백남운을 비롯한 사회 경제 사학자에 대한 설명이다.

개념정리 일제 강점기의 역사가

박은식	• 현대사에 관심, 임시 정부 2대 대통령 • 『한국통사』 : "나라는 형체, 역사는 정신" • 『한국독립운동지혈사』 : 임시 정부 사료 편찬소에서 간행, 독립운동 과정 서술
신채호	• 고대사 연구 치중, 민족주의 역사학의 기본 확립 • 『조선사 연구초』 : 묘청의 서경 천도 운동을 '조선 역사상 일천년래 제1대사건'으로 평가 • 『조선상고사』 : 역사란 '아'와 '비아'의 투쟁의 기록 • 『조선상고문화사』 : 대종교와 연결되는 전통적인 민간 신앙에 관심, 국수보전론 • 낭가 사상 강조 : 한국의 고대 정신은 화랑도 사상이었으나, 묘청의 난 이후 한국사의 자주성이 상실되고 유교주의적 사대주의로 기울었다고 주장
정인보	• 안재홍과 더불어 신채호의 민족 사관 계승 • 역사의 본질을 '얼'(민족정신)에서 찾으려 함. • 동아일보에 '5천 년간 조선의 얼' 연재 → 『조선사 연구』
문일평	'조선심' 강조, 대미관계 50년사, 호암 전집 등 저술
백남운	• 일제의 봉건 사회 결여론 반박, 조선의 봉건 사회 입증 • 정체성론(식민 사학), 정신 사관(민족주의 사학) 비판 • 『조선사회경제사』, 『조선봉건사회경제사』, 『조선 민족의 진로』(연합성 신민주주의 제창)
진단 학회 (1934)	이병도·손진태 등이 일제의 청구 학회에 대항할 목적에서 조직, 진단 학보 발간
조선학 운동	• 정인보, 안재홍, 문일평 등을 중심으로 1930년대에 전개 • 계기 : 정약용 서거 99주기, 『여유당전서』 간행 • 실학에서 자주적 근대 사상과 학문의 주체성 모색

08 [정부 수립 과정] ▶①

㉠ 1945년 9월 미 육군 태평양 총사령관 맥아더가 내린 포고령 1호를 통해 미·소 양군의 한반도 진주를 공식 확정했으며, 이에 따라 미·소 군정이 실시되었다. ㉢ 1946년 10월의 일이다. ㉡ 1947년 9월의 일이다. ㉣ 1948년 4월의 일이다.

개념정리 정부 수립 과정

〈1945년〉

8月 해방	(1945. 8. 15.) 건국 준비 위원회(여운형, 안재홍, 중도 우파와 중도 좌파 결집 : 좌·우 합작)
9月 군정	북 소련 – 간접 통치 : 인민 위원회 활동 인정, 김일성 세력의 권력 장악을 지원 남 미국 – 직접 통치 : 건국 준비 위원회와 조선 인민 공화국 부정, 충칭 임시 정부 부정
12月 모스크바 3상 회의	임시 정부 구성, 미·소 공위 설치, 신탁 통치 결정 → 신탁 통치 반대 운동 → 반탁 vs 회의 결정안 지지 → 좌·우익 대립 격화

〈1946년〉

3月 1차 미·소 공동 위원회	결렬(임시 정부에 참여할 단체의 자격과 범위를 놓고 이견)
6月 이승만의 정읍 발언	"남쪽만이라도 임시 정부 혹은 위원회를 조직하자."(단정론 주장)
7月 좌·우 합작 위원회	• 김규식·여운형 좌·우 합작 운동 전개, 이승만·김구·박헌영 계열 불참 • 미군정 지지 이후 지지 철회 • 10월 좌우 합작 7원칙 발표 • 12월 남조선 과도 입법 의원(김규식) → 남조선 과도 정부 설치(안재홍)

〈1947년〉

5月 2차 미·소 공동 위원회	미·소 냉전으로 결렬 → 유엔에 한반도 문제 상정 : 미국
11月 유엔 총회	인구 비례에 의한 남북한 자유 총선거 결의(유엔 감시단 입국하)

〈1948년〉

1月 유엔 감시단 입국	소련 측이 유엔 한국 임시 위원단 입북 거부, 남측만 입국
2月 유엔 소총회	유엔 한국 임시 위원단 활동이 가능한 지역에서만이라도 선거 실시 결의 → 분단 의미
4月 단독 선거 반대	• 남북 협상파 : 김구, 김규식 등 남북 연석 회의(평양) 개최 : 구체적 방안 × • 제주도 4·3사건 : 무고한 양민 희생, 10·19 여수·순천 반란 사건
5月 5·10 총선거	남한만의 총선거 실시(← 남북 협상파, 공산주의자 불침), 제헌 국회(1대 국회)
7月 헌법 제정	대통령 중심제, 대통령 국회 간선
8月 대한민국 정부 수립	국회에서 이승만을 대통령으로 선출
9月 반민족 행위 처벌법 제정	10月 반민족 행위 특별 조사 위원회

09 [초기 고구려] ▶②

제시된 자료는 고구려의 혼인 풍습인 서옥제와 관련된 내용이다. ② 고구려는 매년 10월에 동맹이라는 제천 행사를 개최하였다.

오답해설 ① 고조선, ③ 삼한(변한), ④ 부여에 대한 설명이다.

10 [신문왕] ▶④

제시된 자료는 『삼국유사』에 기록된 신문왕의 만파식적(萬波息笛) 이야기에 대한 내용이다. ④ 신문왕은 삼국 통일 이후 늘어난 영토를 9주 5소경 체제로 편성하여 중앙 집권 체제를 강화하였다.

오답해설 ① 법흥왕 때의 일이다. ② 무열왕 때인 660년 당나라와 연합하여 백제를 멸망시켰다. ③ 진흥왕 때 거칠부로 하여금 『국사』를 편찬하게 하였다.

11 [발해 무왕] ▶③

제시된 자료는 발해 무왕 때의 대외 관계를 서술한 것이다. ③ 발해 무왕은 일본, 돌궐 등과 연결하면서 당과 신라를 견제하였다.

오답해설 ①,④ 발해 문왕 때의 일이다. ② 발해는 선왕 때 전성기를 맞이하여 당으로부터 해동성국이라고 불렸다.

12 [대가야] ▶④

제시된 자료는 562년 신라 진흥왕 때 이사부를 앞세워 대가야를 정복하는 내용으로, 밑줄 친 '이 나라'는 대가야를 일컫는다. ④ 대가야의 이뇌왕은 522년 신라 법흥왕과 결혼 동맹을 맺었다.

오답해설 ① 금관가야는 42년 김수로가 건국하였다. ② 금관가야에 대한 설명이다. ③ 전기 가야 연맹은 금관가야가 맹주로 있었다.

13 [통일 신라의 문화재] ▶③

제시된 자료는 통일 신라 때의 토지 제도에 대한 내용이다. ③ 8세기 후반부터 신라 멸망까지에 해당하는 신라 하대에 선종 승려들의 사리를 봉안한 승탑과 탑비가 유행하였다. 특히, 팔각 원당형을 기본형으로 삼고 있는 승탑인 쌍봉사 철감선사 승탑이 대표적이다.

오답해설 ① 고려 후기인 우왕 때 청주 흥덕사에서 직지심체요절이 간행되었다. 직지심체요절은 현존하는 가장 오래된 금속 활자 인쇄물로, 2001년에 유네스코 세계 기록 유산으로 등재되었다. ② 천상열차분야지도는 조선 태조 때 만들어진 천문도이다. ④ 영주 부석사 무량수전은 고려 시대의 건축물이다.

14 [묘청의 서경 천도 운동] ▶①

제시된 자료는 인종 때 묘청 등 서경 세력이 왕에게 풍수지리설을 내세워 서경으로 천도할 것을 주장한 내용이다. ① 묘청 등 서경 세력은 정권 장악이 어렵게 되자, 서경에서 반란을 일으켰다.

오답해설 ② 정중부, 이의방 등 무신들에 대한 설명이다. ③ 윤관에 대한 설명이다. ④ 김부식 등에 대한 설명이다.

15 [고려의 대외 관계] ▶③

ⓒ 고려 현종 때 일어난 거란의 2차 침입에 대한 설명이다. 거란은 강조의 정변을 계기로 40만 대군을 이끌고 고려를 재차 침입하였다(1010). ㉠ 고려 현종 때 거란의 3차 침입 당시의 일로, 귀주 대첩(1019)에 대한 설명이다. ㉡ 몽골의 2차 침입 때 처인성 전투에서 김윤후가 몽골군 총사령관 살리타를 사살하였다. ㉣ 고려 후기인 창왕 때의 일이다.

개념정리 고려의 대외 관계

거란 (10~11세기)	**1차 침입** (성종, 993)	거란은 고구려의 옛 땅을 내놓을 것, 송과 교류를 끊고 자신들과 교류할 것을 요구 → 서희의 외교(강동 6주 획득), 거란과 교류 약속
	2차 침입 (현종, 1010)	고려의 친송 관계 유지 → 강조의 정변을 빌미로 침입 → 개경 함락, 양규의 선전 → 강화 체결
	3차 침입 (현종, 1018)	강감찬이 귀주에서 거란군 섬멸(귀주 대첩, 1019)
	결과	・고려, 송, 거란 세력 균형 → 평화 유지 ・외침에 대비 : 나성(개경), 천리장성(압록강 하류~동해안 도련포) 축조
여진 (12세기)		・12세기 초 완옌부를 중심으로 여진 통일 → 고려와 충돌 ・숙종 때 윤관의 건의로 별무반 설치 ・예종 때 여진족을 축출하고 동북 9성 축조(윤관, 1107) → 1년 만에 반환 ・아골타가 금을 건국하고 거란을 멸망시킨 뒤 고려 인종 때 군신 관계 요구 → 이자겸이 정권 유지를 위하여 금의 사대 요구 수용
몽골 (13세기)		・첫 접촉 : 거란족의 일부가 몽골에 쫓겨 고려 침입 → 고려는 몽골과 연합하여 거란족 섬멸(강동의 역, 1219) → 몽골은 자신들을 은인이라고 내세우며 공물 요구 ・1차(1231) : 몽골 사신 저고여 피살 → 몽골의 침입, 개경 포위 → 몽골의 요구 수용 ・2차(1232) : 몽골의 무리한 조공 요구 → 강화 천도(무신 정권의 대몽 항쟁) → 처인성에서 장수 살리타가 김윤후에게 사살되자 퇴각 ・몽골의 계속된 침략 : 일반 민중들의 저항(장기 항전의 배경), 팔만대장경 조판, 문화재 소실 ・개경 환도(원종, 1270) → 삼별초의 항쟁(강화도 - 진도 - 제주도)
홍건적, 왜구 (14세기)	**홍건적** 1차(1359)	홍건적이 서경에 침입했으나 이승경・이방실 등이 격퇴
	홍건적 2차(1361)	홍건적의 침입으로 개경 함락, 공민왕은 안동으로 피난 → 이성계 등이 격퇴
	왜구 홍산 대첩	우왕 때 최영이 홍산(부여)에서 왜구 격퇴
	왜구 진포 대첩	우왕 때 최무선이 화통도감을 설치하고, 화포를 만들어서 진포에서 격퇴
	왜구 황산 대첩	우왕 때 이성계가 황산에서 남해안 일대의 왜구를 섬멸
	왜구 관음포 대첩	우왕 때 정지가 관음포 앞바다에서 왜선 격침
	왜구 쓰시마 토벌	창왕 때 박위가 전함 100척을 이끌고 쓰시마 토벌

16 [정조] ▶④

제시된 자료는 정조 때의 왕권 강화 정책에 대한 내용이다. ④ 정조는 영조 때 세력을 키웠던 척신 세력을 제거하고, 그동안 권력에서 배제되었던 소론과 남인을 중용하였다.

오답해설 ①,② 영조에 대한 설명이다. ③ 조선 숙종 때 집권 붕당의 급격한 교체로 정국이 전환되는 환국이 수차례 발생하였다.

17 [지역사(한성, 한양)] ▶④

제시된 자료는 온조의 백제 건국 과정에 대한 내용이다. 밑줄 친 '이곳'은 위례성으로, 한성・한양(현재의 서울)을 일컫는다. ④ 공주(웅진) 지역에 대한 설명이다.

오답해설 ① 진흥왕 때 한성 지역에 북한산비를 건립하였다. ② 신석기 유적지인 암사동 유적지는 한성(현재 서울)에서 발견된 유적지이다. ③ 고려 문종 때 한성(한양)을 남경으로 승격시켜 개경, 서경과 함께 3경이라 하였다.

18 [조선 전기의 경제] ▶④

제시된 자료는 조선 전기의 과학 기술 발달에 대해 서술한 것이다. ④ 고려 시대의 무역 활동에 대한 설명이다.

오답해설 ① 고려~조선 전기에는 경시서를 두어 시전을 감독하였다. ②『농사직설』은 조선 전기인 세종 때 편찬된 농서이다. ③ 조선 전기에 과전법 체제에서 죽은 관료의 가족들에게 수신전과 휼양전을 지급하였다. 수신전과 휼양전은 세조 때 폐지되었다.

19 [조광조] ▶②

제시된 자료는 중종 때 조광조가 주장한 현량과 실시에 대한 내용이다. ② 조광조는 향촌 자치를 위해 향약의 시행을 주장하였다.

오답해설 ① 김종직에 대한 설명이다. ③ 중종 때 풍기 군수 주세붕이 백운동 서원을 건립하였다. ④ 연산군 때 일어난 갑자사화와 관련된 내용이다. 조광조는 기묘사화 때 제거되었다.

20 [균역법] ▶④

제시된 자료는 군역의 폐단을 개선하기 위해 영조 때 제정된 균역법의 내용이다. ④ 균역법의 실시에 따라 감소된 재정을 보충하기 위해 일부 양인 상류층에게 선무군관이라는 칭호를 주고 1년에 군포 1필을 납부하게 하였다.

오답해설 ① 세종 때 제정된 공법인 연분 9등법에 대한 설명으로, 지역 단위로 풍흉에 따라 9등급으로 나누어 최고 20두에서 최저 4두를 수취하였다. ②,③ 광해군 때 처음 실시된 대동법에 대한 설명이다.

개념정리 균역법

배경	5군영의 성립과 모병제의 제도화에 따른 수포군(납포군) 증가, 농민의 수 감소 등으로 인해 군역 부담의 가중 → 농민의 유망 증가
내용	・군포를 1년에 2필에서 1필로 줄임. ・재정 부족에 따른 대책 　－ 지주 : 결작(1결당 2두) 　－ 일부 양인 상류층 : 선무군관포(군포 1필) 　－ 은결 색출 : 비과세지 색출 　－ 선박세, 어장세, 염세 등을 균역청에서 징수
결과	・농민 부담의 일시적 경감, 지주 부담의 증가, 군역의 전세화 ・결작이 소작농에게 전가되면서 농민 부담 다시 가중, 족징・인징의 폐단 재발

합격까지

박문각

한국사 정답 및 해설

4회차 문항분석표

구분	정치	경제	사회	문화
선사	2			
고대	1, 3, 5			9
중세	6		8	
근세	11			4
근대 태동기	12		7	10
근대 개항기	13, 14, 16			
일제 강점기	15, 17, 18			19
현대	20			

✔ 제4회 모의고사 정답

01 ④	02 ④	03 ③	04 ②	05 ①
06 ②	07 ③	08 ①	09 ②	10 ②
11 ①	12 ①	13 ①	14 ④	15 ②
16 ②	17 ①	18 ②	19 ①	20 ③

01 [진성 여왕] ▶ ④

제시된 자료는 신라 하대인 진성 여왕 때 사벌주에서 일어난 원종과 애노의 난에 대한 기록이다. ④ 진성 여왕 때 최치원은 당시 혼란했던 사회 폐단을 바로잡기 위해 시무 10조를 건의하였으나, 받아들여지지 않았다.

오답해설 ① 법흥왕은 병부를 설치하여 왕이 군권을 장악하였다. ② 진덕 여왕 때 국왕 직속의 최고 관부로서 집사부를 설치하였다. ③ 흥덕왕 때 왕실과 귀족들의 사치와 향락이 심해지자 사치 금지령을 내렸다.

02 [고조선] ▶ ④

제시된 자료는 고조선의 멸망 과정을 서술한 것이다. ④ 초기 고구려에는 왕 아래 상가 · 고추가 등 대가들이 있었으며, 각기 사자 · 조의 · 선인 등의 관리를 거느렸다.

오답해설 ① 고조선에는 상이라는 관직이 있었다. 상은 왕 밑에서 국무를 관장하며 왕과 함께 국가의 중대사를 논의하였다. 또한 이들은 수천 호로 이루어진 지역 집단의 우두머리로서, 직접 별도의 영역과 주민을 다스리기도 하였다. ② 고조선은 기원전 3세기경에 부왕, 준왕 같은 강력한 왕이 등장하여 왕위를 세습하였다. ③ 고조선은 사회 질서를 유지하기 위해 범금 8조를 두었는데, 이 중에서 3개 조목만 전해진다. 이를 통하여 당시 사회에 권력과 경제력의 차이가 생겨나고 재산의 사유가 이루어지면서 형벌과 노비가 발생하였음을 알 수 있다.

개념정리 고조선

건국		• 성립: 단군왕검, 기원전 2333년(『삼국유사』, 『동국통감』) • 영역: 요령~한반도, 비파형 동검 · 고인돌(탁자식 · 북방식) · 미송리식 토기의 출토 분포와 거의 일치 • 단군 이야기: 청동기 문화를 바탕으로 고조선이 성립된 역사적 사실 반영 • 수록 문헌: 『삼국유사』(일연), 『제왕운기』(이승휴), 『세종실록지리지』(춘추관), 『응제시주』(권람), 『동국여지승람』(노사신) 등
발전	단군 조선	• 세력 범위: 요령~한반도(대동강 유역 중심) • 정치 조직 확립: 왕위 세습(B.C. 3C, 부왕 · 준왕), 관직 정비(상 · 대부 · 장군 · 박사) • 대외 관계: 연나라와 대립(연과 대등할 만큼 강성) • 연나라 장수 진개의 공격으로 요동 지역을 상실하고 대동강으로 이동(B.C. 3C 초)
	위만 조선	• 유이민의 이동(2차): 진 · 한 교체기 위만이 고조선으로 이동, 세력 확대 • 위만 왕조 성립(B.C. 194): 유이민 세력과 토착 세력의 연합 정권, 단군 조선 계승 • 철기의 본격적 수용, 중계 무역으로 번성 • 대외 관계: 흉노와 연결, 한과 대립(→ 한 무제의 침입)
멸망		한 무제의 침입, 지배층의 내분으로 멸망(B.C. 108) → 한 군현 설치 ↔ 토착민의 저항
사회	8조법	• 기록: 『한서』 지리지(반고) • 내용: 살인죄, 상해죄, 절도죄 → 생명 존중, 농경 사회, 사유 재산제와 계급 사회

03 [백제 무령왕] ▶ ③

제시된 자료는 무령왕 때 체제 정비를 통해 중흥의 길로 들어섰음을 보여 주는 내용이다. 무령왕은 그동안의 수세에서 벗어나 고구려에 대한 공세를 펼쳤다. 또한, 남조 양나라에 보낸 국서는 당시 무령왕의 자신감을 상징적으로 보여 준다. 무령왕은 백제가 한성 함락의 위기를 극복하고 고구려에 대적할 정도의 국력을 회복하였음을 대내외에 공표하였던 것이다. ③ 무령왕은 22담로를 지방에 설치하고 왕족을 파견하여 지방에 대한 통제를 강화하였다. 담로는 일종의 특수 행정 구역으로, 지방 지배의 거점이었다.

오답해설 ① 4세기 침류왕 때 동진의 마라난타를 통해 불교를 수용하였다. ② 6세기 성왕은 신라와 연합하여 고구려를 공격하여 한강 유역을 탈환하였다. 그러나 신라의 공격을 받아 한강 유역을 신라에게 빼앗겼다. ④ 백제 의자왕은 윤충을 보내 신라의 대야성을 공격하여 성주 김품석과 그의 부인인 김춘추의 딸을 살해하였다.

개념정리 백제의 중흥

무령왕	• 대내 정책: 22담로를 설치하고 왕족 파견 • 대외 정책: 남조 양나라와 교류(무령왕릉, 양직공도의 백제사신도), 일본에 5경박사인 단양이와 고안무 파견, 금강 이북 영토 회복하고 대가야 압박, 섬진강 유역 차지
성왕	• 대내 정책: 수도를 사비로 천도(538), 국호 남부여로 개칭, 중앙에 22부 설치, 수도를 5부로 나누고 지방도 5방으로 편제, 관등제 정비, 인도를 다녀온 겸익 우대(율종 성행) • 대외 정책: 일본에 노리사치계(석가 여래상과 불경 전해줌) 등 파견, 한강 유역 탈환(551)하여 한강 하류 6군 회복(신라 진흥왕의 공격으로 한강 하류 유역을 빼앗기면서 나 · 제 동맹 파기됨.), 관산성 전투(가야와 연합해서 신라 공격)에서 전사함.
무왕	미륵사 건립, 익산 천도 추진
의자왕	• 대내 정책: 귀족 세력 숙청, 유교 사상 강조하여 해동증자로 불림. • 대외 정책: 신라 40여 성 함락, 대야성 공격하여 함락(김춘추의 딸과 사위 김품석 살해)

04 [『고려사』] ▶ ②

제시된 자료는 문종 때 편찬된 『고려사』에 대한 설명이다. ② 『고려사』는 기전체 사서로써 고려의 자주적 입장을 잘 드러냈으며, 고려 국왕들을 본기가 아닌 세가로 분류하였다. 특히, 우왕 · 창왕을 열전으로 격하시켜 폐가입진의 명분을 강조하였다.

05 [신라의 통치 제도] ▶ ①

제시된 자료는 신라의 화랑도 조직에 대한 내용이다. ① 신라는 상수리 제도를 실시하여 지방 세력을 통제하였다. 상수리 제도는 지방 세력가를 인질 형태로 일정 기간 수도인 경주에 머물게 한 것으로, 이 기간 동안 지방 세력가들은 경주의 여러 관청에서 근무하였다. 이후 고려의 기인 제도로 계승되었다.

오답해설 ② 백제는 지방을 5방으로 편제하고, 그 책임자로 방령을 파견하였다. ③ 고구려에서는 대대로가 국정을 총괄하는 재상의 역할을 하였다. ④ 인안, 대흥 등은 발해에서 사용한 연호들이다.

06 [고려 중기의 정치 상황] ▶ ②

(가)는 성종 때인 서희의 외교 담판에 대한 내용이고, (나)는 예종 때 동북 9성을 반환한 것과 관련된 내용이다. ② 고려 예종이 죽자 이자겸의 외손자인 인종이 즉위하였다. 인종 때 김부식이 『삼국사기』를 편찬하였다.

오답해설 ① 고려 문종 때 최충의 문헌공도를 중심으로 사학 12도가 성행하였다. ③ 목종 때 시정 전시과를 개편하여 개정 전시과를 시행하였다. ④ 초조대장경은 현종 때 조판이 시작되어 선종 때인 1087년에 완성되었다.

07 [홍경래의 난] ▶③

제시된 자료는 19세기 순조 때 일어난 홍경래의 난과 관련된 내용이다. ③ 홍경래의 난은 서북 지방에 대한 차별과 세도 정권의 수탈이 원인이 되어 일어난 민란이다.

오답해설 ① 16세기 명종 때 일어난 임꺽정의 난에 대한 설명이다. ② 철종 때 일어난 임술민란과 관련된 내용이다. ④ 근대 시기인 1894년 1월에 일어난 고부민란에 대한 설명이다.

개념정리 조선 후기의 민란

농민의 저항	• 19C 세도 정치하 삼정(전정·군정·환곡)의 문란 극심: 사회 불안의 고조 • 소청·벽서·괘서 등의 형태로 나타나던 농민의 항거는 점차 농민 봉기로 변화
홍경래의 난 (1811)	• 서북민(평안도)에 대한 차별, 세도 정치의 모순, 경제가 발달하여 신향층 다수 • 몰락 양반 홍경래의 지휘: 몰락 농민, 중소상인, 광산 노동자들이 적극 지지 → 가산에서 봉기하여 청천강 이북 지역 장악 → 5개월 만에 평정됨.
임술민란 (1862)	• 세도 정치로 인한 삼정의 문란, 부세 구조와 신분 구조의 모순에 저항 • 진주 민란(백건당의 난)으로 촉발(유계춘의 진주성 점령) → 전국으로 확산 • 정부의 대응: 안핵사 박규수를 파견하는 한편, 삼정 문란을 시정하기 위해 암행 어사를 파견하고 삼정이정청을 설치(1862) → 제대로 시행되지 못하고 실패

08 [고려의 가족 제도] ▶①

제시된 자료는 『고려사』의 기록으로, 축첩 제도에 대한 고려 여인들의 반발을 보여 주고 있다. ① 조선 후기의 가족 제도에 대한 설명이다. 조선 후기에 들어와 아들이 없는 집안에서는 양자를 들이는 것이 일반화되었다.

오답해설 ② 고려 시대에는 태어난 차례대로 호적에 기재하여 남녀 차별을 두지 않았다. ③ 고려 시대에는 여성의 재가가 비교적 자유롭게 이루어졌고, 그 소생 자식의 사회적 진출에도 차별을 두지 않았다. ④ 고려 시대의 솔서혼 풍습에 대한 설명이다. 고려 시대에는 결혼 후 남자가 처가에서 오랜 기간 생활하며, 처의 부모를 봉양하는 경우가 많았다. 이러한 풍습은 계속 이어져 조선 중기까지도 혼인 후 남자가 여자 집에서 생활하는 경우가 있었다.

개념정리 전근대 가족 제도(고려 vs 조선)

구분	고려~조선 전기	조선 후기
혼인	일부일처제, 처가살이 (솔서혼-고려, 남귀여가혼-조선)	친영 제도, 축첩 가능
상속	자녀 구별 ×, 자녀 균분 상속	적장자 중심으로 재산 상속, 자녀 차등
제사	자녀 구별 ×, 윤회 봉사	장자 봉양의 원칙
호적	자녀 구별 ×, 출생순으로 기재	아들 중심으로 호적 기재
가족 제도	부계·모계 함께 영향, 여성의 지위가 남성과 대등	부계 중심 가족 제도, 가부장제 강화

09 [원효] ▶②

제시된 자료는 원효의 불교 대중화에 대한 내용이다. ② 원효는 불교 종파 간의 대립을 완화하기 위해 화쟁 사상을 제창하였다. 화쟁 사상은 한 경론에만 집착하지 않고 여러 종파의 입장에서 융화되고 통일되어야 한다고 주장한 사상 체계이다.

오답해설 ① 경덕왕 때 재상 김대성이 전생의 부모를 위해 석불사(석굴암)를, 현생의 부모를 위해 불국사를 지었다고 전해진다. ③ 혜초는 중국을 넘어 인도까지 가서 불교를 공부한 승려인데, 자신이 돌아본 인도와 중앙아시아 여러 나라의 풍물을 생생하게 기록한 『왕오천축국전』을 남겼다. ④ 자장에 대한 설명이다.

개념정리 고대의 승려

신라	자장	• 계율종 개창: 계율을 중시하고 강조함. • 선덕 여왕 때 대국통으로 활약 • 황룡사 9층 목탑 건립을 건의함.
	원광	세속 오계, 수에 걸사표 지어 보냄(진평왕).
통일 신라	원효	• 일심 사상: 중관과 유식의 대립 해결, 종파 간 사상적 대립 조화 • 불교 대중화: 아미타 신앙(정토 신앙) 보급, 소성거사, 무애가 • 저서: 『대승기신론소』, 『금강삼매경론』, 『십문화쟁론』, 『화엄경소』 • 분황사 중심으로 활동, 법성종 개창
	의상	• 당나라 유학, 지엄에게 화엄학 배우고 귀국 후 부석사를 설립 및 해동 화엄종 개창 • 화엄 사상 정립: 『화엄일승법계도』(일즉다 다즉일), 원융 사상(사회 통합 논리) • 불교 대중화: 아미타 신앙(내세) + 관음 신앙(현세) • 백성을 위해 문무왕의 도성 정비 공사 반대
	원측	당나라 유학, 현장의 제자가 됨. → 서명학파 형성(법상종 성립에 기여)
	진표	법상종 성립, 금산사를 중창하고 점찰법회를 개최(불교의 대중화)
	혜초	중국에서 밀교 배움, 『왕오천축국전』 저술

10 [조선 후기의 서적 편찬] ▶②

ⓛ 17세기 광해군 때 이수광이 『지봉유설』을 저술하였다. ⓒ 영조 때의 일이다. ㉠ 정조 때의 일이다. ㉣ 19세기 서유구는 농업과 농촌 생활에 필요한 것을 종합하여 『임원경제지』라는 농촌 생활 백과사전을 편찬하였다.

11 [조선 명종] ▶①

제시된 자료는 명종 때 일어난 임꺽정의 난에 대한 내용이다. ① 인종이 죽고 명종이 즉위하자 문정 왕후가 수렴청정하였다. 명종 재위 초반에 인종의 외척인 윤임(대윤)과 명종의 외척인 윤원형(소윤)이 대립하였다. 이에 따라 윤원형의 소윤이 대윤(윤임) 세력을 몰아낸 을사사화가 일어났으며, 이 과정에서 윤임을 지지하던 사림의 일부가 피해를 입었다. 이후 명종의 재위 기간에는 문정 왕후와 외척들이 정국을 주도하였다.

오답해설 ② 선조 때 심의겸과 김효원이 이조전랑직을 놓고 갈등을 빚었다. 이에 심의겸을 중심으로 한 기성 관료를 서인, 김효원 등 신진 관료를 동인이라 칭하며 붕당이 발생하였다. ③ 1623년에 일어난 인조반정에 대한 설명이다. ④ 1453년 수양 대군이 계유정난을 일으켜 김종서 등을 제거한 후 정권을 장악하였다. 2년 후인 1455년 단종은 수양 대군에게 양위하고 상왕이 되었다.

12 [영조] ▶①

제시된 자료는 영조가 탕평을 표방하면서 즉위 이후 발표한 교서이다. ① 영조는 붕당의 기반을 약화하기 위해 여러 조치를 취하였다. 이에 따라 서원을 붕당의 근거지로 여겨 대폭 정리했으며, 산림의 존재를 인정하지 않았다.

오답해설 ② 정조는 신진 인물이나 중·하급 관리 중에서 유능한 인사를 재교육하는 초계문신 제도를 실시하였다. ③ 조선 현종 재위 후반부터 숙종 재위 초반까지는 허적, 윤휴 등 남인들이 정국을 주도하였다. ④ 조선 숙종 때 삼남 지방에 대한 양전 사업을 완료하였다.

개념정리 영조

재정 개혁	균역법 시행	군역 부담을 완화하기 위해 군포를 1필로 줄임.
	탁지정례	왕실과 중앙 관청들의 재정 용도 규정
국방 정책	군영 정비	훈련도감, 금위영, 어영청이 도성을 나누어 방위 → 『수성윤음』 반포
	국경 방어 강화	국경선 일대 방어 시설 확충, 국방 지도 제작
사회 정책	형벌 제도 개선	가혹한 형벌 폐지, 사형수에 대한 삼심제 엄격하게 시행
	언론 확대	신문고 부활, 궁 밖에 자주 나가 민의 살핌(상언, 격쟁).
	수도 정비	청계천을 준설하여 도시를 재정비함, 서울의 번영을 과시하기 위해 각종 지도 제작
	노비종모법	양인의 수를 늘리기 위해 새로 태어나는 노비의 신분은 어머니의 신분을 따르도록 함. → 1731년 제정, 1741년 『속대전』에 명기하여 반포

13 [근대의 조약들] ▶①

(가)는 조·일 수호 조규(강화도 조약, 1876. 2.), (나)는 조·미 수호 통상 조약(1882. 4.), (다)는 조·일 수호 조규 부록(1876. 8.)의 내용이다. ① 조·일 수호 조규에 대한 설명이다.

오답해설 ② 조·미 수호 통상 조약은 임오군란 이전에 체결되었다. ③ 개정 조·일 통상 장정(1883)에 따라 방곡령을 선포할 수 있게 되었다. 그에 따라 1889년과 1890년에 함경도와 황해도에서 방곡령이 선포되었으나, 일제가 절차상의 이유로 항의하여 거액의 배상금을 물어주었다. ④ (가) → (다) → (나) 순으로 체결되었다.

14 [근대의 정치 상황] ▶④

제시된 자료는 1894년 6월 25일에 조직된 군국기무처에 대해 설명하고 있다. 정부는 초정부적 회의 기구인 군국기무처를 설치하여 1차 갑오개혁을 추진하였다. ④ 일본은 조선에 군대를 주둔할 구실을 찾기 위해 조선 정부에 내정 개혁을 요구하였다. 1894년 6월 11일 정부는 일본군의 철수를 요구하는 한편, 자주적인 개혁을 추진하기 위해 교정청을 설치하였다.

오답해설 ① 1895년 8월 을미사변에 대한 설명이다. 일본 공사 미우라의 주도 아래 일본군 수비대와 '낭인'이 경복궁 건청궁에 난입하였다. 홍계훈을 비롯한 군인들이 끝까지 저항하였으나, 결국 명성 황후(민씨)가 시해되었다. ② 1895년의 일이다. ③ 1896년 2월 아관 파천에 대한 설명이다. 고종은 러시아 공사 베베르와 이완용, 이범진 등 친러파 대신들의 협조를 얻어 세자와 함께 경복궁을 빠져나가 러시아 공사관으로 피신하였다.

15 [신간회] ▶ ②

제시된 자료는 1931년 5월 15일 신간회 창립 이후 처음 열린 전체 대회와 관련된 내용으로, 여기에서 신간회 해소안이 통과되었다. ② 신간회의 강령에 대한 설명이다. 신간회는 민족의 단결과 정치적 각성을 촉구하고 기회주의자를 배격하는 것을 내세웠다.

오답해설 ① 정우회 선언은 신간회 결성 이전인 1926년에 발표되었다. 일부 사회주의 세력은 '정우회 선언'을 발표하여 민족주의 세력과의 제휴를 주장하였다. 이러한 노력은 신간회 창립의 주요한 계기가 되었다. ③ 독립 협회의 의회 설립 운동에 대한 설명이다. 당시 중추원은 실권 없는 자문 기관이었다. 독립 협회는 이를 법률 제정과 의정부의 자문 역할 등의 권한을 가지는 기구로 개편하고자 하였다. ④ 신민회에 대한 설명이다. 1907년 안창호는 양기탁, 이동녕, 이승훈 등 사회 각층의 인사들을 망라해 비밀 결사로 신민회를 조직하였다. 이들은 국권의 회복과 공화 정체의 국민 국가 건설을 궁극적인 목표로 삼았다.

개념정리 신간회

조직	• 비타협적 민족주의 세력과 사회주의 세력의 연대 • 창립 대회를 열어 회장에 이상재, 부회장에 홍명희를 선출
강령	• 정치·경제적 각성을 촉구함. • 단결을 공고히 함. • 기회주의를 일체 부인함.
활동	• 일제 강점기 최대 규모의 합법적 민족 운동 단체로 성장: 140여 개의 지회 조직, 4만여 명의 회원 확보 • 민중 계몽, 민족 의식 고취: 강연회 개최, 야학 참여 등 • 각종 사회 운동 지원: 광주 학생 항일 운동 지원, 원산 노동자 총파업 지원, 갑산 화전민 추방에 대한 항의 운동 지원, 단천 산림 조합 시행령 반대 운동 지원 등
해체	• 원인: 일제의 탄압 강화, 신간회 내부 갈등, 코민테른의 노선 변경 • 사회주의 계열에서 해소론 제기 → 비타협적 민족주의 세력의 반대 → 1931년 신간회 해소안 가결

16 [정미의병] ▶ ②

제시된 자료는 정미의병 때의 '의병장 허위의 통감부에 대한 30개조 요구' 내용이다. 따라서 이 문제는 정미의병에 대해 묻는 문제이다. ② 을사조약 체결에 반발하여 일어난 을사의병 때의 일이다. 을사의병 때 최익현은 제자 임병찬과 함께 전북 태인에서 봉기하여 정읍·순창 등 전라도 일대를 장악해 나갔다. 그러나 관군이 출동하자 항전을 중지하고 체포되어 대마도로 압송되었다. 이곳에서 최익현은 적이 주는 음식을 먹을 수 없다며 단식하다가 순국하였다.

오답해설 ① 정미의병 당시 전국의 의병 부대들은 13도 창의군을 결성하고 총대장으로 이인영, 군사장으로 허위를 선출하고 서울 진공 작전을 시도하였다. ③,④ 정미의병에 대한 설명이다.

개념정리 항일 의병 운동

을미의병 (1895)	배경	을미사변, 단발령
	특징	• 위정척사 사상의 유생들 주도, 동학 농민군 잔여 세력 가담 • 단발령 철회와 고종의 명령으로 해산
	대표 의병장	유인석(제천·충주), 이소응(춘천), 허위(선산) 등
을사의병 (1905)	배경	을사조약
	특징	의병 활동 본격화, 평민 의병장의 등장
	대표 의병장	민종식(홍주성 점령), 최익현(태인에서 거병, 일본에 의해 쓰시마섬에 끌려가 순국), 신돌석(평민 출신 의병장) 등
정미의병 (1907)	배경	고종 황제의 강제 퇴위, 군대 해산
	특징	• 해산 군인 가담으로 의병 전쟁으로 발전 • 13도 창의군 결성, 서울 진공 작전(1908) 전개 • 일본이 남한 대토벌 작전(1909) 전개하여 탄압 → 만주·연해주 등지로 이동해 독립군으로 전환
	대표 의병장	이인영, 허위, 홍범도 등

17 [1910년대 무단 통치] ▶ ①

제시된 자료는 1912년에 제정된 토지 조사령의 내용이다. ① 1910년대에 일제는 공포 분위기 조성을 위해 관리와 교사에게 제복과 칼을 착용하게 하였다.

오답해설 ② 일제는 1920년에 동아일보, 조선일보와 같은 우리말 신문의 창간을 허용하였다. ③ 일제는 1923년부터 조선에 들어오는 일본 상품들에 대한 관세를 철폐하였다. 이 결과, 일본 상품들이 이전보다 싼값에 팔렸기 때문에 한국인 기업들은 타격을 입었다. ④ 일제가 치안 유지법을 제정한 것은 문화 통치기인 1925년의 일이다. 이후 1945년까지 일제는 치안 유지법을 통해 독립운동을 탄압하였다.

개념정리 무단 통치

탄압 강화	• 범죄 즉결례(1910): 벌금·태형·구류 등의 처벌을 재판 없이 즉결로 집행할 수 있는 권한을 헌병 경찰에게 부여 • 조선 태형령(1912): 조선인에 한해 태형을 부활시킴.
민족의 기본권 박탈	언론·집회·출판·결사의 자유 박탈
제복과 착검 착용	일반 관리, 학교 교원들이 제복을 입고 칼을 착용
민족 교육에 대한 규제	• 사립 학교 규칙 개정(1915): 사립 학교 축소, 민족의식이 강한 사립 학교 폐쇄 • 서당 규칙(1918): 서당 설립을 허가제로 전환(민족 교육 탄압)
독립운동 탄압	105인 사건(1911) 등
토지 조사 사업 (1910~1918)	• 과정: 토지 조사국 설치(1910), 토지 조사령 공포(1912) → 토지 소유권 조사, 토지 가격 조사, 지형·지목 조사 • 결과: 기한 내 미신고 된 토지와 왕실·공공기관 및 마을·문중의 공유지 등은 신고 주체가 애매하여 총독부에 귀속
회사령(1910)	회사의 설립은 총독의 허가를 받게 함, 민족 자본의 성장 억제

18 [한국 광복군] ▶ ②

대한민국 임시 정부는 1940년 산하 부대로 한국 광복군을 창설하였다. 따라서 (가)는 한국 광복군을 일컫는다. ② 1930년대 만주에서 활동한 한국 독립군에 대한 설명이다.

오답해설 ① 한국 광복군은 지청천·이범석 등을 중심으로 중국에 주둔하고 있던 미국 전략 정보국(OSS)과 연합하여 국내에 침투하여 활동할 정진군을 훈련시켰다. ③ 한국 광복군은 1942년 김원봉의 조선 의용대를 흡수·통합하여 군사력을 강화하였다. ④ 한국 광복군은 1943년 영국과 군사 협정을 맺고 일부 병력을 인도와 미얀마 전선에 보냈다.

19 [정인보] ▶ ①

제시된 자료는 정인보가 1930년대에 동아일보에 연재한 '5천년간 조선의 얼'이다. ① 정인보는 신채호의 민족주의 사관을 계승했으며, 민족 정신을 '얼'에서 찾으려고 하였다.

오답해설 ② 신채호, ③ 박은식, ④ 안재홍에 대한 설명이다.

20 [1970년대 정치 상황] ▶ ③

제시된 자료는 1972년에 제정된 유신 헌법(7차 개헌)의 내용으로, 유신 헌법은 1972년 11월부터 1980년 10월 8차 개헌 전까지 적용되었다. ③ 1976년 재야 민주 인사들이 명동 성당에서 3·1 민주 구국 선언을 발표하여 박정희 정부의 퇴진 등을 요구하였다.

오답해설 ① 1960년 4월의 일이다. ② 1960년 4·19 혁명의 결과로 장면 내각이 성립되었다. ④ 1948년의 일이다.

합격까지

박문각

한국사 정답 및 해설

5회차 문항분석표

구분	정치	경제	사회	문화
선사	1			
고대	3, 4			
중세	2, 7	5		
근세	6, 10			8
근대 태동기	11	9		12
근대 개항기	13, 15, 16			
일제 강점기	14, 17, 18			19
현대	20			

⊘ 제5회 모의고사 정답

01 ④	02 ③	03 ③	04 ④	05 ②
06 ②	07 ①	08 ③	09 ④	10 ②
11 ④	12 ③	13 ④	14 ④	15 ③
16 ④	17 ④	18 ②	19 ②	20 ①

01 [부여]　▶ ④

제시된 자료는 부여의 경제 상황에 대한 내용이다. ④ 부여에 대한 설명이다. 가축의 이름을 딴 마가 · 우가 · 저가 · 구가는 각자 행정 구역인 사출도를 다스렸다. 사출도는 중앙(수도)을 중심으로 지방을 동 · 서 · 남 · 북의 4개 구역으로 나눈 것으로, 왕이 직접 통치하는 중앙과 함께 5부를 이루었다.

[오답해설] ① 고조선에 대한 설명이다. ② 옥저의 혼인 풍습에 대한 설명이다. ③ 옥저와 동예의 정치 체제에 대한 설명이다. 옥저와 동예는 왕이 없고 읍군, 삼로, 후, 거수라고 불리는 군장이 각자 자신의 읍락을 다스렸다.

[개념정리] 여러 나라의 성장

구분	부여	고구려	옥저	동예	삼한
위치	만주 송화강	압록강 졸본	함흥평야	강원도 (원산만)	한강 이남 (진의 성장)
국가	• 연맹 왕국 (5부족) • 왕: 지배자 × → 대표자 ○	연맹 왕국	군장 국가: 왕 없음.		• 마한 54 • 변한 12 • 진한 12
정치	• 가(加): 사출도 • 대사자, 사자	• 대가 (상가, 고추가) • 사자, 조의, 선인	읍군, 삼로, 후		목지국왕 (삼한 대표)
경제	• 반농반목 • 말, 주옥, 모피	• 졸본: 산악 지방 • 약탈 경제 (부경)	• 토지 비옥 • 소금, 해산물	• 방직 기술 발달 • 단궁, 과하마, 반어피	• 벼농사 발달 ① 저수지 축조 多 ② 두레 ③ 제천 행사 × 2회 • 철 多: 변한 → 가야
제천 행사	영고(12월) → 수렵 사회 전통	• 동맹(10월) • 국동대혈	없음.	무천(10월)	• 수릿날(5월) • 계절제(10월)
풍습	• 순장, 흰옷, 형사취수제 • 4조목의 법: 1책 12법	• 서옥제 • 형사취수제 • 1책 12법	• 민며느리제 • 가족 공동묘	족외혼, 책화 → 씨족 사회 풍습 ∵폐쇄적 지형	• 소도(별읍): 천군, 제정 분리 • 군장: 신지, 읍차

02 [고려 전기의 정치 상황]　▶ ③

(가)는 고려 2대 국왕 혜종 때 일어난 왕규의 난에 대한 내용이고, (나)는 고려 6대 국왕 성종 때 경학박사와 의학박사 파견과 관련된 내용이다. ③ 고려 태조 때 신라 마지막 왕인 경순왕을 사심관으로 삼았는데, 이것이 사심관 제도의 시작이었다.

[오답해설] ① 고려 4대 국왕인 광종의 인재 등용에 대한 설명이다. ② 광종 때 사용된 연호들이다. ④ 광군은 고려 3대 국왕인 정종 때 조직되었다.

03 [발해 무왕]　▶ ③

제시된 자료는 발해 무왕 때의 대외 관계에 대해 서술한 것이다. ③ 발해 무왕은 중국 산둥 지방의 등주에 장문휴가 이끄는 수군을 보내 공격하였다.

[오답해설] ① 발해 선왕 때의 일이다. ② 발해 문왕은 황상이라는 칭호를 사용하여 황제 국가의 면모를 과시하였다. ④ 발해 문왕 때의 일이다.

04 [7세기 신라의 정치 상황]　▶ ④

제시된 자료는 7세기 선덕 여왕 때 백제의 공격을 받아 위기에 처한 상황에 대한 내용이다. 따라서 밑줄 친 (나) 왕은 선덕 여왕이다. ④ 진흥왕 때 당항성을 쌓아 중국과 직접 교역할 수 있는 교통로를 확보하였다.

[오답해설] ① 김춘추(무열왕)의 업적이다. ② 선덕 여왕에 대한 설명이다. ③ 김춘추는 왕(무열왕)으로 즉위하여 최초의 진골 출신 국왕이 되었다.

05 [고려의 토지 제도]　▶ ②

제시된 자료의 (가)는 공음전, (나)는 외역전에 대한 내용이다. ② 공음전은 자손에게 세습 가능한 영업전으로, 문벌 귀족의 경제적 기반이 되었다.

[오답해설] ① 녹읍과 식읍에 대한 설명이다. ③ 공해전에 대한 설명이다. ④ 군인전에 대한 설명이다.

[개념정리] 고려의 토지 제도

역분전 (태조, 940)	• 개국 공신에게 논공행상격으로 지급(충성도 · 인품) • 전시과 제도의 모체
시정 전시과 (경종, 976)	• 현 · 퇴직 관리에게 관품에 인품을 반영하여 지급 • 관품 → 4색 공복별로 구분, 인품 → 공신 우대(역분전 성격) • 군인에 대한 토지 분급 규정 ×
개정 전시과 (목종, 998)	• 전 · 현직 관리에게 토지 지급(관품만 고려, 인품 배제) → 현직자 위주의 토지 분급, 산관 차별 • 문관 우대, 토지 지급량 이전보다 축소, 한외과 지급(17결), 군인전 규정
경정 전시과 (문종, 1076)	• 현직 관리에게만 토지 지급, 무관 차별 대우 시정, 토지 지급량 축소 • 공음전시(5품 이상) · 별사전시(승려, 지리업자) · 무산계전시 신설, 한외과 폐지
녹과전 (원종, 1271)	• 목적: 관리들의 녹봉 보충 • 현직 관료만을 대상으로 하여 경기 8현의 수조권 지급
과전법 (공양왕, 1391)	• 실시 목적: 신진 사대부의 경제적 기반 마련 • 경기 지방의 토지에 한해, 전 · 현직 관리에게 등급에 따라 수조권 지급

06 [선조]　▶ ②

제시된 자료는 조선 선조 때 일어난 정여립 모반 사건과 관련된 내용이다. ② 선조 때 이조전랑 임명 문제를 둘러싸고 사림 세력이 동인과 서인으로 분당되었다.

[오답해설] ① 인조 때 일어난 이괄의 난에 대한 설명이다. ③ 명종 때의 정치 상황이다. ④ 광해군 때의 일이다.

07 [충렬왕] ▶①

제시된 자료는 충렬왕 때 섬학전이라는 장학 재단을 설치한 것과 관련된 내용이다. ① 충렬왕 때 일본 원정을 위한 준비 기관으로 개경에 정동행성을 두었다.

오답해설 ② 공민왕의 반원 정책에 대한 설명이다. ③ 쌍성총관부는 대몽 항쟁기인 1258년 고려 고종 때 설치되었다. ④ 충선왕의 업적이다.

개념정리 **공민왕과 원 간섭기**

왕	내용
충렬왕	• 원의 내정 간섭: 관제 격하, 왕실 호칭 격하, 원나라의 일본 원정에 동원 • 도평의사사 설치(최고 정무 기구), 전민변정도감 설치 • 영토 일부 회복: 동녕부와 탐라총관부 반환 받음. • 성리학 전래(안향이 원에서 『주자전서』를 베껴옴.), 국학을 성균관으로 개칭, 섬학전 설치(양현고의 재정 보충) • 성균관에 공자 사당인 문묘를 새로 건립 • 『삼국유사』 편찬(일연), 『제왕운기』 편찬(이승휴) 등
충선왕	• 사림원 설치(왕명 출납, 국왕의 고문 역할), 소금 전매제 실시, 수시력 채용 • 왕위를 아들에게 물려준 후 원나라 수도인 연경에 만권당 설치(이제현)
충목왕	정치도감(정리도감) 설치
공민왕	전반기 개혁: • 기철 등 친원파 숙청, 원나라 연호와 원나라 풍습 폐지, 관제 복구 • 정동행성 이문소 폐지, 쌍성총관부 회복(철령 이북 땅 되찾음.) 홍건적의 2차례 침입 → 2차 침입 때 공민왕 피난(안동) → 흥왕사의 변 후반기 개혁: • 전민변정도감 설치(신돈 등용) → 권문세족 경제 기반 약화, 국가의 재정 수입 확대 • 성균관을 순수 유학 기관으로 개편
우왕	• 왜구 격퇴(홍산·진포·황산·관음포 대첩), 화통도감 설치(최무선) • 『직지심체요절』을 금속 활자로 간행(청주 흥덕사) • 명나라, 철령 이북의 땅 요구(철령위 설치) → 최영 주도로 요동 정벌 추진(이성계의 위화도 회군으로 무산)

08 [유네스코 기록 유산] ▶③

제시된 자료는 조선왕조의궤에 대해 서술한 내용이다. ③ 조선왕조의궤는 조선 시대 왕실의 주요 행사, 건축물 조성과 왕실 문화 활동 등을 그림으로 남긴 것으로, 현존하는 것은 임진왜란 이후의 것이다. 반차도 등 각종 도식은 당시의 복제·의물(儀物) 등 제도 및 풍속적 자료들을 많이 포함하고 있고, 또한 이두(吏讀)·차자(借字)와 각종 제도어(制度語) 및 한국 한자어(韓國漢字語)를 많이 사용하고 있어 이 방면의 연구에 필요한 자료를 제공하기도 한다. 왕의 열람을 위하여 고급 재료로 화려하게 만드는 어람용이 따로 있었다. 1866년 병인양요 때 강화도의 외규장각에 있던 많은 수의 의궤가 프랑스에 의해 약탈당했다가 2011년 반환되었다.

09 [조선 후기의 경제] ▶④

제시된 자료는 조선 후기의 문화 양상을 서술한 것이다. 조선 후기에 경제력을 갖춘 서민이 늘어나며 민화가 유행하였다. ④ 조선 후기의 경제 상황에 대한 설명이다. 조선 후기에 활동한 도고는 독점적 도매 상인으로, 대규모의 자본을 가지고 상품을 매점매석하면서 부를 축적하였다.

오답해설 ① 고려 후기에는 사원 수공업이 발달하였다. 사원에서는 기술이 좋은 승려나 노비가 베, 모시, 기와, 술, 소금 등 품질 좋은 제품을 생산하였으며, 이를 농민의 생산품과 교환하기도 하였다. ② 고려 시대에 밭농사에서 2년 3작의 윤작법이 전래되어 보리, 콩, 조 등을 돌려가며 농사지었다. ③ 통일 신라 때의 일이다.

개념정리 **전근대 시대의 농업 발달**

고려 시대	• 소를 이용한 깊이갈이 일반화, 2년 3작의 윤작법(돌려짓기) 보급 • 시비법 발달로 휴경지 감소 • 문익점의 목화씨 전래(1364, 공민왕) • 남부 지방에 이앙법(모내기) 전래 • 원나라 농서 「농상집요」 소개(이암)
조선 전기	• 2년 3작의 윤작법 널리 행해짐, 가을갈이 보급 시작, 직파법 • 인분, 재(밑거름, 덧거름) 등 시비법 발달로 휴경지 소멸(연작 상경 가능) • 목화 재배 확대(15C 말 전국 확산): 의생활 개선 • 우리 실정에 맞는 농서 간행(「농사직설」, 「금양잡록」)
조선 후기	• 이앙법과 견종법 널리 행해짐. → 생산력↑, 노동력↓ → 광작 널리 시행됨, 이모작 확산으로 보리 재배 확대(소작농들은 보리 농사 선호) • 가을갈이 농사법 보편화, 밭을 논으로 바꾸는 번답 현상 확산 • 지대의 변화: 타조법(관행) → 도조법 출현(일부 지역) • 상품 작물(고추, 담배, 인삼 등) 재배, 구황 작물(고구마, 감자 등) 재배 • 조선 후기에 전래된 외래 작물: 담배·고추(17C, 일본), 옥수수·호박·고구마(18C, 일본), 감자(19C, 청)

10 [조선의 삼사] ▶②

제시된 자료의 (가)는 조선 시대의 삼사를 일컫는다. ② 승문원에 대한 설명이다.

오답해설 ①,③ 조선의 삼사에 대한 설명이다. ④ 이조전랑은 삼사의 관리에 대한 인사권을 좌우할 수 있었다.

개념정리 **조선의 중앙 정치 제도**

의정부	재상의 합의를 거쳐 국정을 총괄
6조	판서, 행정을 실제 집행, 행정의 전문성과 효율성 높임, 각 조마다 속사와 속아문을 둠.
3사	[사헌부(감찰, 서경) + 사간원(간쟁, 서경) = 양사(대간)] + 홍문관(문물 연구, 정책 자문)
한성부	서울의 행정·치안 담당, 사법 기관 역할
의금부	장관은 판사(종1품), 왕의 특명으로 국가의 큰 죄인 처리
승정원	왕명 출납, 왕의 비서 기관, 도승지(정3품) 아래 승지가 6조를 분담
예문관	임금의 교지 작성, 국무 회의에 사관으로 참석해서 회의록 작성(하급 관원)
승문원	외교 문서 작성
교서관	궁중 서적 간행
성균관	국립 대학
춘추관	역사 자료 편찬 및 보관

11 [조선 숙종] ▶④

제시된 자료의 정책들은 모두 숙종 때 시행되었다. ④ 숙종 때 집권 붕당의 급격한 교체로 정국이 전환되는 환국이 여러 차례 발생하였다.

오답해설 ① 효종 때의 일이다. ② 영조 때의 일이다. ③ 영조와 정조 때의 일이다.

12 [김홍도] ▶③

제시된 자료는 조선 후기에 활동한 화가 김홍도의 행적을 서술한 것이다. ③ 김홍도는 농민이나 수공업자 등 평민들의 일상 생활을 간결하고 익살스러우며 사실적으로 표현하였다.

오답해설 ① 김정호, ② 정선, ④ 김정희에 대한 설명이다.

13 [을사늑약] ▶④

제시된 자료는 을사늑약 체결 직후 최익현이 올린 상소문으로, 을사늑약의 부당성을 지적하고 을사오적을 벌할 것을 요청하고 있다. 따라서 이 상소문과 관련 있는 조약은 을사늑약이다. ④ 1905년 을사늑약의 체결에 따라 1906년 통감부가 설치되었고, 초대 통감으로 이토 히로부미가 부임하여 대한 제국의 내정을 간섭하였다.

오답해설 ① 1910년에 체결된 한·일 병합 조약에 대한 설명이다. ② 1907년에 체결된 한·일 신협약에 대한 설명이다. ③ 1904년에 체결된 한·일 의정서와 1차 한·일 협약에 대한 설명이다.

개념정리 **국권 피탈 과정**

러·일 전쟁(1904. 2.)	대한 제국 대외 중립 선언(1904. 1.), 일본의 뤼순항 선제 공격
한·일 의정서(1904. 2.)	군사 요지(전략상 필요한 지점) 점령권, 대한 제국에 대한 충고권, 황실과 영토 보전 약속
제1차 한·일 협약(1904. 8.)	고문 정치 → 재정 고문(메가타), 외교 고문(스티븐스) 등
열강들의 묵인	• 7월 미국: 가쓰라·태프트 밀약 • 8월 영국: 제2차 영·일 동맹 • 9월 러시아: 포츠머스 강화 조약(러·일 전쟁에서 일본 승리) → 각 열강들에게 한국에 대한 지배권을 승인받음.
을사조약(1905)	통감 정치, 일본이 대한 제국의 외교권 대행, 통감부 설치(1906) → 보호국화
고종 퇴위(1907)	헤이그 특사 파견을 계기로 고종 강제 퇴위, 순종 즉위
한·일 신협약(1907)	• 차관 정치(일본인 차관), 통감의 권한 강화 • 부속 협약 체결(군대 해산)
신문지법과 보안법(1907)	신문지법(언론 탄압), 보안법(집회·결사 금지)
기유각서(1909)	사법 자주권과 감옥 사무권 빼앗김.
경찰권 박탈(1910. 6.)	대한 제국은 치안권 상실
한·일 병합 조약(1910. 8.)	일본이 대한 제국을 병합(국권 피탈) → 총독부 설치

14 [미주(미국) 지역의 독립운동]　▶ ④

제시된 자료는 미주 지역의 독립운동에 대해 서술한 내용이다. ④ 흥사단은 1913년 미국 샌프란시스코에서 안창호가 조직하였다. 이 단체는 교육과 문화 활동에 주력하였다.

오답해설 ① 연해주 지역은 지리적으로 두만강을 사이에 두고 국내와 가까운 위치에 있어 1860년대 초부터 우리 민족이 경제적인 이유로 이주하여 살기 시작하였다. 이곳에서 한인 집단촌인 신한촌이 건설되었다. ② 연해주 지역에서 한인들의 자치 단체인 권업회가 조직되었다. 권업회는 한인의 단결과 지위 향상 및 독립운동의 기반 조성에 힘썼다. 또한 효과적인 활동을 전개하기 위해 권업신문을 발간하였다. ③ 남만주 지역에서 신흥 무관 학교가 설립되었다. 지청천·이범석 등이 교관이 되어 많은 독립군을 양성하였다.

15 [헐버트]　▶ ③

제시된 자료는 호머 헐버트의 활동 내역을 서술한 것이다. ③ 헐버트는 육영 공원의 교사로 활동하였다.

오답해설 ① 배재 학당은 아펜젤러가 서울에 세운 남자 학교로, 외국 선교사가 설립한 최초의 사립 학교이다. ② 독일의 부들러, 유길준 등에 대한 설명이다. ④ 미국인 알렌은 1884년 8월 의료 선교사로 한국에 와서 초기에 미국·영국 등 외국 공사관의 담당 의사로 활동하였다. 갑신정변 때 중상을 입은 민영익을 치료한 것을 계기로 왕실의 신임을 얻어 고종의 진료를 담당하였다.

16 [흥선 대원군]　▶ ④

④ 당백전 발행은 경복궁 중건 비용을 마련하기 위해 실시한 정책으로, 환정(환곡) 개혁과는 관련이 없다.

오답해설 ①,② 흥선 대원군은 전정 개혁을 위해 양전 사업을 실시하고 토지 대장에서 누락된 토지를 찾아내 세금을 징수하였다. ③ 흥선 대원군은 군정 개혁을 위해 종래 상민에게만 부과하던 군포를 양반에게도 부과하는 호포제를 실시하였다.

17 [조선 의용대]　▶ ④

한커우(한구)에서 조직된 조선 민족 혁명당의 산하 부대는 조선 의용대(1938)이다. ④ 1938년에 조직된 조선 의용대에 대한 설명이다.

오답해설 ① 1930년대 만주에서 활동한 조선 혁명군에 대한 설명이다. ② 한국 광복군은 1942년 김원봉의 조선 의용대 병력 일부를 흡수하여 군사력을 더욱 강화하였다. ③ 김좌진의 북로 군정서군 등을 비롯한 1920년대 만주의 독립군 부대들에 대한 설명이다.

개념정리 **조선 의용대**

결성	김원봉의 조선 민족 혁명당이 중국 정부의 협조를 받아 조선 의용대(1938) 편성
활동	• 중국 국민당 정부군과 양쯔강 중류 지역에서 대일 항전, 중국 전역에서 항일 투쟁 • 대적 심리전, 일본군 포로의 심문·문서 번역 • 일본군 점령 지역에 파견되어 첩보·요인 사살·시설 파괴
1940년대	• 일부는 한국 광복군에 합류(1942) • 일부(조선 의용대 화북 지대)는 화북 지방으로 이동하여 조선 의용군(1942)으로 개편

18 [산미 증식 계획]　▶ ②

② 제시된 자료는 산미 증식 계획의 결과 한국의 식량 사정이 극도로 악화된 상황을 보여 주고 있다.

개념정리 **산미 증식 계획**

배경	일제의 공업화 추진으로 일본의 부족한 식량을 한반도에서 착취하기 위한 목적
과정	1920년부터 15년간의 무리한 계획으로 증산은 목표량에 미달, 쌀 수탈량은 목표대로 달성 → 1934년 일본 농민 보호를 위해 중단
문제점	• 미곡 중심의 단작형 농업: 농업 구조를 논농사 중심으로 바꿈. • 농민 몰락, 소작농 증가: 일부 대지주는 이익인 반면, 다수의 중소지주·자작농은 몰락
결과	식량 부족, 잡곡 수입 증가, 농민의 유민화, 식민지 지주제 강화

19 [백남운]　▶ ②

제시된 자료는 백남운이 저술한 『조선사회경제사』의 서문 내용이다. 백남운을 비롯한 사회·경제 사학자들은 마르크스 유물 사관에 입각하여 우리 민족의 역사 과정이 세계사적인 발전 과정의 방향과 같이하고 있음을 입증하였다. ② 백남운에 대한 설명이다.

오답해설 ① 신채호, ③ 한용운, ④ 박은식에 대한 설명이다.

20 [개헌 과정]　▶ ①

제시된 자료는 1차 개헌(발췌 개헌)의 내용으로, 1952년 7월부터 1954년 11월까지 적용되었다. ① 1954년 5월 제3대 총선에서 자유당은 관권의 개입으로 압승하고 야당은 참패하였다. 그리고 이후 자유당 정부는 2차 개헌(사사오입 개헌)을 추진하였다.

오답해설 ② 제헌 국회(1대 국회)는 1948년 9월 반민족 행위 처벌법을 제정하였다. ③ 1960년 3차 개헌에 따라 장면 내각이 출범하였다. ④ 3차 개헌은 1960년 4·19 혁명 직후 허정 과도 정부가 추진하였다.

한국사 정답 및 해설

6회차 문항분석표

구분	정치	경제	사회	문화
선사	13			
고대	1, 6	2		3
중세	12, 20			4, 9
근세	7, 10		8	
근대 태동기				
근대 개항기	14, 15			
일제 강점기	11, 16, 18		17	
현대	19			
통합				5

✓ 제6회 모의고사 정답

01 ②	02 ③	03 ③	04 ①	05 ③
06 ②	07 ③	08 ②	09 ①	10 ④
11 ③	12 ③	13 ①	14 ③	15 ④
16 ④	17 ③	18 ③	19 ②	20 ③

01 [삼국의 발전과 항쟁] ▶②

고구려의 국내성 천도는 1세기 무렵, 고구려의 평양 천도는 장수왕 때인 427년, 백제의 웅진 천도는 문주왕 때인 475년, 백제의 사비 천도는 성왕 때인 538년, 신라의 삼국 통일은 신라 문무왕 때인 676년의 일이다. ② 고구려 광개토 대왕 때인 400년의 일이다. 따라서 (가) 시기에 해당한다.

오답해설 ① 4세기 백제 근초고왕(346~375) 때의 일이다. ③ 6세기 지증왕 때인 512년 우산국을 정복하였다. ④ 7세기 진덕 여왕 때인 648년의 일이다.

개념정리 5세기~7세기 삼국의 항쟁 과정

구분	고구려	백제	신라
5세기	• 광개토 대왕 거란 · 후연 · 동부여 · 숙신 격파, 왜구 격퇴(신라 구원) 최초 연호: 영락 • 장수왕 평양 천도(427) 한성 점령(475)	• 비유왕 나 · 제 동맹(433) • 개로왕 한강 유역 상실 • 문주왕 웅진(공주) 천도 • 동성왕 신라와 결혼 동맹(493)	• 눌지왕 나 · 제 동맹(433) • 소지왕 백제와 결혼 동맹(493)
6세기	귀족 간의 권력 싸움 → 왕권 약화, 나 · 제 동맹에 한강 유역 빼앗김.	• 무령왕 22담로 설치, 양나라와 교류 • 성왕 사비 천도(538), 국호: 남부여 일본에 불교 전파(노리사치계, 552) 관산성 전투에서 전사(554)	• 지증왕 신라(국호), 왕(왕호) 우산국 복속 • 법흥왕 율령 반포, 불교 공인 금관가야 정복 연호: 건원(536) • 진흥왕 화랑도 개편, 황룡사 건립 『국사』 편찬(거칠부) 한강 차지, 대가야 점령 연호(개국 · 대창 · 홍제)
7세기	• 영양왕 살수 대첩(612) • 영류왕 천리장성 축조 • 보장왕 연개소문 집권 안시성 싸움(645)	• 무왕 미륵사, 익산 천도 추진 • 의자왕 신라의 대야성 등 40여 성 공략	• 진평왕 원광(세속 5계, 걸사표) • 선덕 여왕 첨성대, 황룡사 9층 목탑 • 진덕 여왕 나 · 당 동맹 • 태종 무열왕 백제 멸망 • 문무왕 고구려 멸망 삼국 통일 완성(676)

02 [통일 신라의 경제] ▶③

제시된 자료는 통일 신라 시대의 귀족의 생활 모습을 서술한 것이다. ③ 통일 신라 흥덕왕 때 청해진을 설치하여 해적을 소탕하고, 서남해 해상 무역권을 장악하였다.

오답해설 ① 조선 시대의 경제 상황에 대한 설명이다. ② 경시서를 운영한 것은 고려와 조선 시대의 일이다. ④ 고려 시대의 경제 상황에 대한 설명이다.

03 [유네스코 문화유산] ▶③

③ 경북 고령 지산동 고분군과 경남 김해 대성동 고분군, 경남 함안 말이산 고분군 등 7개의 가야 고분군이 유네스코 세계 유산으로 지정되었다. 석촌동 고분군은 서울에 위치한 무덤으로, 백제의 문화재이다.

오답해설 ① 백제의 미륵사지 석탑은 목탑의 모습을 많이 지니고 있으며, 백제 역사 유적 지구인 익산시에 위치하고 있다. ② 무령왕릉에 대한 설명으로, 백제 역사 유적 지구인 공주시에 위치하고 있다. ④ 울주 대곡리 반구대 암각화에 대한 설명이다. 2025년에 유네스코 문화유산으로 등재된 '반구천의 암각화'는 국보 울주 대곡리 반구대 암각화와 울주 천전리 명문과 암각화를 포함한다.

04 [고려 시대의 문화] ▶①

제시된 자료는 고려 예종 때 구제도감을 설치하여 병자를 치료한 것과 관련된 내용이다. ① 조선 후기 흰 바탕에 푸른 색깔로 그림을 그린 청화 백자가 많이 만들어졌다.

오답해설 ② 경천사지 10층 석탑은 고려 후기에 건립된 석탑이다. ③ 고려 시대인 12세기 이후 독자적 기술인 상감법이 개발되었다. ④ 부석사 무량수전은 고려 시대의 건축물이다.

05 [전근대의 서적 편찬(의서)] ▶③

ㄹ 『향약구급방』은 현존하는 우리나라 최고(最古)의 의학 서적으로, 고려 고종 때인 1236년에 대장도감에서 처음으로 간행되었다. ㄱ 『의방유취』는 세종 때 편찬된 의학 서적이다. ㄴ 『동의보감』은 17세기 광해군 때 허준이 편찬한 의서이다. ㄷ 정약용의 『마과회통』은 18세기 정조 때 편찬되었다.

06 [성덕왕] ▶②

제시된 자료는 성덕왕 때 당나라와의 관계 회복 과정을 서술한 것이다. ② 성덕왕 때 정전을 지급하였는데, 백성들의 사유지였던 민전을 공식적으로 인정한 것이다. 이는 국가가 농민이 원래부터 소유하여 경작하고 있던 토지의 권리를 법적으로 인정하는 대신 조세를 납부하게 한 것이다.

오답해설 ① 선덕 여왕, ③ 법흥왕, ④ 신문왕의 업적이다.

07 [현종] ▶③

제시된 자료는 현종 때 있었던 기해예송에 대한 설명이다. ③ 효종의 왕위 계승에 대한 정통성과 관련하여 현종 때 두 차례의 예송 논쟁이 발생하였다.

오답해설 ① 연산군 때의 일이다. ② 중종의 인재 등용책에 대한 설명이다. ④ 선조 때 동인은 서인에 대한 처벌을 놓고 강경파인 북인과 온건파인 남인으로 나뉘어졌다.

08 [조선 시대의 중인] ▶②

② 제시된 자료는 중인에 대한 설명이다. 중인은 법제상으로는 문 · 무과 응시가 가능하였다. 조선 후기에 들이와 중인들의 경제력이 높아지자 양반들처럼 시사를 조직하여 문예 활동을 전개하였다. 그리고 이들은 청요직 허통을 요구하는 소청 운동을 전개했으나, 실패하였다.

09 [의천] ▶①

밑줄 친 '왕후'는 문종의 넷째 아들인 의천을 일컫는다. ① 의천은 고려는 물론이고 송과 요의 대장경에 대한 주석서인 논·소·초를 모아 교장(속장경)을 편찬하여 불교 사상과 교리를 정리하였다.

오답해설 ② 지눌, ③ 혜심, ④ 원효에 대한 설명이다.

개념정리 **고려의 승려**

균여	• 화엄 북악파(북악의 법손), 귀법사 중심으로 교종 통합 노력(성상융회) • 성속무애(세속까지 통합), 보살의 실천행 강조, 「보현십원가」 저술(대중 교화)
의천	• 사상: 성상겸학, 교관겸수(교학 + 선), 내외겸전(내적 수행과 이론 공부) • 불교 통합: 화엄종 중심의 교종 통합(흥왕사), 선종 통합(해동 천태종 창시, 국청사) • 활동: 「신편제종교장총록」 저술, 교장(속장경) 간행, 화폐 사용 건의(주전도감)
지눌	• 사상: 정혜쌍수(선과 교학 같이 수행), 돈오점수(단번에 깨닫고 꾸준히 실천) • 불교 통합: 선종 중심으로 교종 통합 → 선교 일치 사상(선체교용) • 활동: 수선사 결사 운동(불교계 타락상 비판과 선 수행·노동 중시), 최씨 무신 정권의 후원
혜심	유불 일치설(성리학 수용의 토대 마련)
요세	• 사상: 정토 신앙 수용, 법화 신앙(참회 신앙)에 중점, 조계종 • 백련결사 제창(만덕사): 정토왕생 중시, 보현도량 개설 → 대중적 신앙 결사
보우	• 공민왕의 왕사, 불교계 폐단 시정 노력 → 9산 선문의 통합 주장 • 임제종 전파, 공민왕에게 한양 천도 건의

10 [조선의 관리 선발 제도] ▶④

ⓒ 조선 시대에 대과(문과)의 합격자는 붉은 종이에 쓴 홍패를 받았다. ㉰ 조선 시대에 소과의 초시에서는 지역별로 인원을 할당해서 합격자를 선발했는데, 이는 『경국대전』에 명시되어 있었다.

오답해설 ㉠ 고려 시대의 과거 제도에 대한 설명이다. ㉡ 고려 시대의 음서 제도에 대한 설명이다.

개념정리 **조선의 관리 선발 제도**

	응시 자격		• 무당·노비·기타 천인을 제외한 양인 이상 응시 가능 • 문과: 탐관오리의 아들, 서얼, 재가한 여자의 아들과 손자는 응시 제한
	실시		식년시(3년마다)가 원칙, 별시(부정기시)
과거	문과	소과	• 사마시: 생원과(명경) + 진사과(제술) • 초시(각 700명) → 복시(각 100명) • 합격자: 백패, 성균관 입학, 대과 응시 가능
		대과	• 초시(지역별 안배) → 복시(33명) → 전시(국왕 앞, 순위 결정) • 합격자: 홍패
	무과		• 초시(활쏘기) → 복시(28명, 병서·경서) → 전시(기보격구) • 최종 합격자: 홍패
	잡과		• 예조의 감독 하에서 해당 관청에서 주관 • 식년시(전시 없음), 최종 합격자에게는 백패 수여
	승과		국초 실시 → 중종 때 폐지 → 명종 때 부활 → 폐지
문음 (음서)	대상		공신, 2품 이상 관리의 자손
	특징		• 간단한 취재를 거쳐 관리로 임용 – 매우 형식적 • 음서를 통하여 관직에 진출하는 것을 대단히 천시하는 경향

11 [대한민국 임시 정부] ▶③

③ 임시 정부의 초대 대통령은 김구가 아니라 이승만이다.

오답해설 ① 임시 정부에 대한 설명이다. ② 임시 정부의 외교 활동에 대한 설명이다. ④ 임시 정부에 대한 설명이다.

개념정리 **대한민국 임시 정부**

조직	대통령 중심제의 삼권 분립에 기초한 민주 공화제 정부 → 대통령 이승만, 국무총리 이동휘	
활동	연통제	비밀 행정 조직망 → 도·군·면(독판·군감·면감), 정부 문서와 군자금 조달
	교통국	정보의 수집·분석·교환·연락 업무 담당
	군자금 조달	만주의 이륭양행, 부산의 백산상회, 애국공채, 국민 의연금
	군사 활동	• 무장 독립 전쟁 준비: 육군 무관 학교(상하이), 비행사 양성소 • 군무부 직할 부대: 광복군 사령부와 광복군 총영, 육군 주만 참의부 • 한국 광복군 결성(1940)
	외교 활동	• 김규식을 파리 강화 회의에 파견 → 독립 청원서 제출 • 이승만의 구미 위원부(미국)
	문화 활동	사료 편찬소에서 한·일 관계 사료집 간행, 독립신문 발행

	구분	연도	정부 형태	정부 수반	위치
지도 체제 변천	제1차	1919년	대통령 중심제(3권 분립)	이승만	상하이
	제2차	1925년	국무령 중심의 내각 책임제	이동녕 등	
	제3차	1927년	국무위원 중심의 집단 지도 체제	국무위원	중국 각지로 이동
	제4차	1940년	주석 중심 지도 체제	김구	충칭
	제5차	1944년	주석·부주석 지도 체제	김구·김규식	

12 [최충헌] ▶③

제시된 자료의 밑줄 친 '그'는 최충헌이다. ③ 최충헌은 반대 세력을 숙청하기 위해 감찰 기구로서 교정도감을 설치하였다. 이후 교정도감은 인사·재정 등 국가의 중요 정책을 결정·집행하는 최고 권력 기구가 되었다.

오답해설 ① 의종 재위 기간인 1170년 정중부, 이의방 등 무신들은 보현원에서 정변을 일으켜 많은 문신을 살해하였다. 이어 의종을 거제도에 유폐하고 의종의 동생(명종)을 왕으로 세워 권력을 장악하였다. ② 최우에 대한 설명이다. ④ 묘청, 서경 유수 조위총 등에 대한 설명이다.

개념정리 **무신 정권**

정중부	이의방 등 제거, 중방을 중심으로 권력 행사
경대승	• 정중부 제거 • 도방 설치: 신변 보호, 사병 집단
이의민	• 김보당의 난 때 의종을 제거하여 정계에 진출(천민 출신) • 중방을 중심으로 집권 • 최충헌 형제에게 피살
최충헌	• 봉사(시무) 10조 제시: 사회 개혁책(토지 겸병·승려의 고리대 금지·조세 제도 개혁 등 주장) • 도방 부활: 신변 보호, 정권 안정 → 무신 정권의 군사적 기반 • 교정도감 설치: 감찰부 → 최고 집정부, 장관인 교정별감은 최씨 가문에서 세습 • 조계종 후원: 왕실·귀족과 연결되어 있던 교종 억압, 지눌의 신앙 결사 운동 후원 • 문신 등용: 무신 견제, 이규보·최자·진화 등 문인들 발탁
최우	• 정방 설치: 자신의 집에 설치, 모든 관직에 대한 인사권 장악 • 서방 설치: 문인들의 숙위 기구 → 고문 역할 담당 • 삼별초 조직: 공적인 임무를 띤 최씨의 사병(좌별초, 우별초, 신의군) • 대몽 항쟁: 강화 천도, 팔만대장경 조판(대장도감)

13 [구석기 시대] ▶①

① 신석기 시대에 대한 설명이다.

오답해설 ②,③ 구석기 시대에 대한 설명들이다. ④ 구석기 시대에는 무리 중에서 경험이 많고 지혜로운 사람이 지도자가 되었으나, 권력을 가지지는 못했다. 따라서 모든 사람이 평등한 공동체적 생활을 하였다.

14 [근대의 정치 상황] ▶③

㉰ 통리기무아문은 1880년에 설치되었다. ㉡ 1894년 1차 갑오개혁 때 추진된 정책이다. ㉠ 1895년 을미개혁 때의 일이다. ㉢ 대한 제국 시기에 추진된 경제 정책이다.

15 [국권 피탈 과정] ▶④

제시된 자료는 1904년 2월에 체결된 한·일 의정서에 규정된 내용이다. ④ 러·일 전쟁 직전인 1904년 1월 대한 제국 정부는 국외 중립을 선언하였다. 일본은 대한 제국의 중립 선언을 무시하고 한·일 의정서를 강요하였다.

오답해설 ① 1907년의 일이다. ② 1906년의 일이다. ③ 포츠머스 강화 조약은 러·일 전쟁이 일본의 승리로 끝난 후 1905년 9월에 미국의 중재로 러시아와 일본 간에 체결된 조약으로, 러시아는 한국에 대한 일본의 독점적 지배권을 인정하였다.

16 [연해주 지역의 민족 운동] ▶④

제시된 자료의 밑줄 친 '이곳'은 연해주이다. ④ 연해주에서 대한 광복군 정부가 수립되었다.

오답해설 ① 남만주(서간도) 지역에서 자치 단체인 경학사가 설립되었다. ② 민족 혁명당은 중국 관내에서 결성된 단체이다. ③ 대조선 국민군단은 박용만이 하와이에서 조직한 단체이다.

17 [1910년대의 사회 모습]　　　　　　　　　　　　▶ ③

제1차 조선 교육령은 1910년대인 1911년에 제정되었다. ③ 태형령 시행과 헌병 경찰은 모두 1910년대 무단 통치 시기에 볼 수 있는 모습이었다.

오답해설 ① 1940년대 일제는 여성들에게 몸뻬라는 작업복을 입게 하였다. ② 신간회는 1927년부터 1931년까지 활동한 단체이다. ④ 1920년대의 사회 모습에 대한 설명이다.

18 [1930년대 무장 독립 투쟁]　　　　　　　　　　▶ ③

③ 1920년 청산리 대첩 당시, 백운평 전투를 시작으로 천수평과 어랑촌에서 독립군이 승리하였다.

오답해설 ① 1931년 김구가 상하이에서 한인 애국단을 결성하였다. ② 쌍성보 전투는 1932년의 일이다. ④ 양세봉의 조선 혁명군은 1930년대 남만주에서 활약하였다.

19 [6월 민주 항쟁]　　　　　　　　　　　　　　　▶ ②

제시된 자료는 1987년 6월 민주 항쟁의 과정을 서술한 내용이다. ② 6월 민주 항쟁의 결과에 대한 설명이다. 6월 민주 항쟁에 따라 5년 단임의 대통령 직선제를 골자로 하는 헌법 개정이 이루어졌고, 국민이 직접 대통령을 선출하게 되었다.

오답해설 ①,③ 1960년 4·19 혁명에 대한 내용이다. ④ 1999년 12월 국회에서 「제주 4·3 사건 진상 규명 및 희생자 명예 회복에 관한 특별법」이 제정되었다. 이에 따라 4·3 사건의 진상을 규명할 목적으로 4·3 진상 조사 보고서 작성 기획단이 구성되어 2003년 10월 15일에 진상 조사 보고서를 채택하였다. 보고서 채택 이후 노무현 대통령이 이를 수용하여 국정 책임자로서 최초로 제주 4·3 사건에 대해 사과하였다.

개념정리	6월 민주 항쟁
배경	대통령 직선제 개헌 요구
과정	박종철 고문치사 사건(1987. 1.) → 4·13 호헌 조치 발표 → 민주 헌법 쟁취 국민 운동 본부가 국민 대회를 전국 주요 도시에서 개최(1987. 6. 10.) → 범국민적 반독재 민주화 투쟁으로 발전
의의	• 6·29 선언: 차기 대통령 후보로 노태우 내정 → 5년 단임의 대통령 직선제 개헌 • 4·19 혁명 이후 가장 규모가 큰 민주화 운동, 민주주의 발전에 크게 기여

20 [고려 성종]　　　　　　　　　　　　　　　　　▶ ③

제시된 자료는 고려 성종 때의 정치 상황을 서술하고 있다. ③ 고려 성종 때 전국의 주요 지역에 12목을 설치하고, 지방관을 파견하였다.

오답해설 ① 고려 태조, ② 고려 광종, ④ 고려 숙종의 업적이다.

합격까지

박문각

한국사 정답 및 해설

구분	정치	경제	사회	문화
선사	1			
고대	3, 4	2		
중세	5, 9			6
근세	7, 8		10	
근대 태동기	12			13
근대 개항기	11, 14, 15, 20			
일제 강점기	16, 18		17	
현대	19			

☑ **제7회 모의고사 정답**

01 ②	02 ②	03 ④	04 ③	05 ②
06 ②	07 ①	08 ④	09 ③	10 ④
11 ④	12 ②	13 ①	14 ④	15 ①
16 ④	17 ③	18 ②	19 ③	20 ③

01 [동예] ▶ ②

제시된 자료는 동예의 정치 형태와 풍습에 관한 내용이다. ② 동예에서는 매년 10월마다 무천이라는 제천 행사를 열었다.

오답해설 ① 1세기 초에 왕호를 사용한 나라로는 부여, 고구려 등이 있다. ③ 옥저에 대한 설명이다. ④ 삼한의 정치 체제에 대한 설명이다.

02 [민정 문서] ▶ ②

제시된 자료는 신라의 민정 문서에 대해 설명하고 있다. ② 군인전, 구분전은 고려 시대의 토지 제도들이다.

오답해설 ① 민정 문서는 인구를 연령에 따라 6등급까지 나누었는데, 소아의 수까지 파악한 것으로 보아 인구를 중시하였음을 알 수 있다. ③ 민정 문서에는 소와 말의 수, 뽕나무·잣나무·호두나무의 수까지 기록하였다. ④ 민정 문서에 대한 설명이다.

개념정리 민정 문서

발견 장소	일본 나라현 동대사(도다이사) 정창원에서 발견
문서 작성	촌주(지방 유력자를 촌주로 삼아 행정 실무를 담당하게 함, 국가 파견 ×)가 3년마다 촌 단위로 작성
조사 지역	서원경 중심 4개의 자연촌(사해점촌, 살하지촌 등)
조사 대상	호구(인정의 다소에 따라 9등급), 인구(남녀별 구분, 연령에 따라 6등급), 토지·수목·가축 조사
토지 종류	내시령답(내시령이라는 관료에게 할당된 수조지), 관모답(관청 경비 충당), 촌주위답(촌주에게 할당된 토지), 연수유답(민전·농민 소유 토지), 마전 등

03 [태종 무열왕(김춘추)] ▶ ④

제시된 자료는 태종 무열왕의 왕권 강화에 대해 서술한 내용이다. ④ 태종 무열왕 때부터 왕권이 크게 강화되어 왕의 직속 기관인 집사부를 중심으로 국정을 운영했으며, 그 장관인 중시(시중)의 권한이 강화되었다.

오답해설 ① 문무왕 때의 일이다. ② 신문왕 때 예작부의 설치로 14부의 중앙 통치 조직이 완성되었다. ③ 신문왕의 업적에 대한 설명이다.

04 [삼국의 발전 과정] ▶ ③

ⓒ 4세기 백제 근초고왕 때의 일로, 근초고왕의 재위 기간은 346년부터 375년까지이다. ⓔ 고구려 광개토 대왕 재위 기간인 400년의 일이다. ⓛ 백제 비유왕과 신라 눌지 마립간이 나·제 동맹을 체결한 것은 433년의 일이다. ⓞ 6세기 백제 성왕 때인 538년 대외 진출에 유리한 사비로 천도하였다.

05 [충선왕] ▶ ②

제시된 자료의 밑줄 친 '그'는 충선왕을 일컫는다. 충선왕은 아들인 충숙왕을 즉위시킨 뒤 원나라로 돌아가 연경에 만권당을 세웠다. ② 충선왕은 인사권을 관장했던 정방을 폐지하고 사림원을 설치하여 개혁을 추진하였다.

오답해설 ① 충목왕 때의 일이다. ③ 공민왕은 몽골식 관제를 폐지하고, 원 간섭 이전으로 관제를 복구하였다. ④ 충렬왕 때의 일이다.

06 [지눌] ▶ ②

제시된 자료는 고려의 승려인 지눌이 주장한 정혜쌍수에 대해 설명하고 있다. ② 지눌은 당시 불교계의 타락상을 비판하고, 불교 개혁 운동인 수선사 결사를 제창하였다.

오답해설 ① 의천은 교관겸수를 통해 교리 이론인 교와 실천 수행법인 관을 함께 닦아야 한다고 주장하였다. ③ 고려 후기의 승려인 보우는 공민왕의 왕사로 활약했으며, 원나라에서 임제종을 도입하고, 9산 선문의 통합을 주장하였다. ④ 의천에 대한 설명이다.

07 [조선 태조] ▶ ①

정도전이 『고려국사』를 편찬한 것은 조선 태조 때의 일이다. ① 태조는 즉위 후 북방 지역에 관심을 보였다. 이에 정도전, 남은 등이 중심이 되어 군비를 비축하고 진도를 제작하는 등 요동 정벌을 계획하였다.

오답해설 ② 태종과 세조 때 왕권 강화를 목적으로 6조 직계제를 실시하였다. ③ 세종의 업적이다. 세종 때에는 압록강 방면에 최윤덕을 파견하고, 두만강 방면에 김종서를 파견하여 여진의 무리를 몰아내고 4군과 6진을 설치하였다. ④ 태종은 왕권의 안정을 위해 외척인 민무구·민무질 형제를 제거하였다.

08 [무오사화] ▶ ④

제시된 자료에서 '세조', '노산군', '의제' 등의 표현을 통해 김종직이 지은 '조의제문'과 관련된 사건인 무오사화임을 알 수 있다. ④ 연산군 때 무오사화가 일어나 이미 죽은 김종직에게 부관참시형을 내리고, 김일손에게 능지처참형을 내리는 등 김종직의 제자들을 비롯한 사림 세력을 숙청하였다.

오답해설 ① 중종 때 일어난 기묘사화에 관한 설명이다. ② 연산군 때 일어난 갑자사화에 대한 설명이다. ③ 명종 때 일어난 을사사화에 대한 설명이다.

개념정리 사화

구분	시기	발단·원인	대립 구도
무오사화	연산군(1498)	조의제문, 사초 문제	유자광, 윤필상 등 훈구파 vs 김종직, 김일손 등 사림파
갑자사화	연산군(1504)	윤씨 폐출·사사 사건	임사홍 등 국왕 측근 세력 vs 윤필상 등
기묘사화	중종(1519)	조광조의 혁신 정치	남곤, 심정 등 훈구파 vs 조광조 등 사림파
을사사화	명종(1545)	왕실 외척 간 대립, 왕위 계승 문제	윤원형 등 소윤파 vs 윤임 등 대윤파

09 [광종] ▶ ③

제시된 자료는 고려의 4대 국왕 광종에 대해 평가한 내용이다. ③ 광종은 쌍기의 건의에 따라 과거 제도를 시행하여 신진 인사를 등용하였다.

오답해설 ① 고려 성종의 업적이다. ② 고려 태조는 호족 세력을 포섭하기 위해 혼인 정책과 사성 정책을 실시하였다. ④ 고려 태조 때의 일이다.

10 [향약]　▶④

제시된 자료는 『율곡전서』에 기록된 '해주 향약 입약 범례문'의 내용이다. ④ 향약은 조선 사회의 풍속 교화에 많은 역할을 하였다. 향촌 사회의 질서 유지와 함께 치안까지 담당하는 등 향촌의 자치 기능을 맡았다.

오답해설 ① 서원에 대한 설명이다. ② 유향소에 대한 설명이다. 정부는 서울에 경재소를 설치하고 그 지방 출신의 중앙 고관을 책임자로 두었다. 이는 현직 관리에게 연고지의 유향소를 통제하게 한 것이다. 유향소는 왜란 이후 수령의 업무를 보조하는 기구로 변질되어 향청 또는 향소라고 불렸다. ③ 향교에 대한 설명이다.

개념정리 조선 전기의 향촌 사회

향촌 사회의 모습	지방 자치 기구의 설치	유향소(경재소가 통제)
	사족의 향촌 지배	향안, 향회, 향규 등
	성리학적 사회 질서	소학 보급, 가묘와 사당 설립, 족보 편찬
유교 윤리 보급	향약	• 미풍양속 계승, 삼강오륜의 유교 윤리 가미 • 간부 : 도약정, 직월 • 중종 때 조광조가 향약 시행을 주장 → 이황(예안향약), 이이(해주향약 · 서원향약)의 노력으로 전국으로 확산 • 향촌 사회의 질서 유지(4대 덕목)와 치안 담당, 향촌 사회에서 사림의 영향력 강화에 기여
	서원	• 선현의 제사 및 성리학 연구, 교육 등 담당 • 최초의 서원 : 백운동 서원(중종, 주세붕) → 명종 때 이황의 건의로 소수 서원으로 사액 • 사액 서원 : 국가로부터 편액, 서적, 토지, 노비를 지급받음. → 면세, 면역 특권 • 사림 세력의 기반 마련 및 결속력 강화, 사림의 영향력 강화
촌락의 구성과 운영	촌락의 운영	면리제, 오가작통제
	농민 조직	두레, 향도

11 [2차 갑오개혁]　▶④

제시된 자료는 2차 갑오개혁 추진 과정에 대해 서술한 내용이다. ④ 대한 제국 시기인 1899년 청과 양국 황제 명의로 한 · 청 통상 조약을 체결하여 국제적으로 대등한 관계가 되었다. 이 조약에 따라 양국은 서로 균등한 자격으로 거류민의 신분과 재산을 보호하고, 이를 위해 전권 대사를 교환하였다.

오답해설 ① 2차 갑오개혁 때 추진된 정책이다. ② 2차 갑오개혁 때 지방 제도를 개편하여 8도를 23부로 개편하고, 부 · 목 · 군 · 현 등을 337군으로 통일하였다. ③ 교육 입국 조서가 반포된 것은 2차 갑오개혁인 1895년의 일이다.

12 [순조]　▶②

제시된 자료의 밑줄 친 '그'는 순조를 일컫는다. ② 순조 때 신유박해가 일어나 수많은 천주교도들을 처형했으며, 천주교를 믿는다는 이유로 남인과 시파 세력들도 정계에서 축출되었다.

오답해설 ① 영조는 붕당을 없앨 것을 내세우며 이에 동의하는 탕평파를 중심으로 정국을 운영하였다. 특히 노론과 소론의 온건파를 중심으로 각 붕당의 인물들을 고르게 등용하였다. ③ 정조의 업적이다. ④ 철종 때의 일이다.

13 [박지원]　▶①

제시된 자료는 박지원이 쓴 「허생전」의 일부 내용이다. ① 박지원은 한전론을 주장하면서 토지 소유의 상한선을 설정하고 농업 생산력을 높이는 데 관심을 기울였다.

오답해설 ② 박제가에 대한 설명이다. ③ 정제두에 대한 설명이다. ④ 홍대용 등에 대한 설명이다.

개념정리 중상학파 실학자

특징		• 기술 혁신 강조, 청나라 문물을 수용하여 부국강병과 이용후생에 힘쓰자고 주장 • 이용후생학파 또는 북학파라고 불림.
대표 학자	유수원 (「우서」)	• 상공업의 진흥과 기술의 혁신 주장 • 사농공상의 직업 평등과 전문화 주장 • 토지 제도의 개혁보다 농업의 상업적 경영과 기술 혁신 주장
	홍대용 (「담헌서」)	• 기술 혁신과 문벌 제도 철폐, 성리학 극복이 부국강병의 근본임을 강조 • 중국이 세계의 중심이라는 생각 비판(『의산문답』에서 지전설 주장) • 『의산문답』(실옹과 허자 두 사람의 문답체 글), 『임하경륜』(균전제 - 장정 당 2결 분배, 병농일치의 군제 개혁 제시)
	박지원 (「열하일기」)	• 상공업 진흥, 수레와 선박의 이용, 화폐 유통의 필요성 주장 • 양반 문벌 제도의 비생산성 비판(「양반전」, 「호질」) • 영농 방법 혁신, 상업적 농업 장려, 수리 시설의 확충에 관심, 한전론(토지 소유 상한제)
	박제가 (「북학의」)	• 상공업 발달, 청과의 통상 강화(무역선 파견), 수레와 선박의 이용 등 강조 • 생산 자극을 위해서 절약보다 소비를 권장(우물물 비유)

14 [조 · 미 수호 통상 조약]　▶④

제시된 자료는 1882년에 체결된 조 · 미 수호 통상 조약의 체결 과정에 대해 설명하고 있다. ④ 조 · 미 수호 통상 조약은 강화도 조약과 달리 거중 조정, 관세 부과 등의 조항을 규정하고 있었다.

오답해설 ① 조 · 미 수호 통상 조약은 임오군란 발발(1882. 6.) 이전인 1882년 4월에 체결되었다. ② 1876년에 체결된 조 · 일 수호 조규 부록에 대한 설명이다. ③ 1886년에 체결된 조 · 불 통상 조약에 대한 설명이다.

개념정리 열강과의 조약 체결

구분	시기	내용	특징
조 · 미 수호 통상 조약	1882	• 치외 법권 인정 • 최혜국 대우 규정, 협정 관세	• 배경 : 『조선책략』 유포(2차 수신사 김홍집 소개) • 서양과의 최초 조약
조 · 청 상민 수륙 무역 장정	1882	• 속방국 규정(북양대신과 조선 국왕이 대등하다고 규정) • 치외 법권 인정 • 양화진, 서울 개방(행잔 개설)	청 상인의 통상 특권 허용(내지 통상)
조 · 영 수호 통상 조약	1883	• 최혜국 대우 규정 • 내지 통상권	치외 법권 · 아편 문제로 지연되었다가 조 · 미 조약 이후 체결
조 · 러 수호 통상 조약	1884	조 · 영, 조 · 독 등과 거의 같은 불평등한 조약	• 청 · 일의 반대로 지연 • 직접 수교(청의 중재 ×)
조 · 불 수호 통상 조약	1886	천주교 신앙과 선교 자유 허용	천주교 전래 문제로 지연

15 [동학 농민 운동]　▶①

제시된 자료는 동학 농민군의 4대 강령에 대한 내용이다. ① 동학 농민군은 전주 화약 체결 이후, 내정을 개혁할 목적으로 전라도 53개 군에 집강소를 설치하였다.

오답해설 ② 독립 협회는 정부 대신들까지 참석하는 관민 공동회를 종로에서 개최하였다. 이 관민 공동회에서 독립 협회와 정부 대신들은 헌의 6조를 채택하였다. ③ 온건 개화파는 김홍집, 김윤식 등이 중심이 되어, 청의 양무운동을 본받아 점진적인 개혁을 추진하였다. ④ 황국 중앙 총상회 등에 대한 설명이다.

개념정리 동학 농민 운동

구분	배경	과정
고부 농민 봉기 (1894. 1.)	• 전라도 고부 군수 조병갑의 횡포, 착취 • 접주였던 전봉준의 시정 요구가 거부됨.	고부 관아 습격(사발통문) → 만석보 파괴 → 신임 군수의 무마책으로 해산
1차 농민 봉기 (1894. 3.)	안핵사 이용태가 주모자를 색출하고 탄압함.	• 전봉준, 손화중, 김개남 중심 • 보국안민과 제폭구민을 내걸고 봉기 → 백산에 농민군 집결 → 격문(전봉준)과 농민군 4대 강령 발표 → 황토현, 황룡촌 전투 승리 → 전주성 입성(4. 27.)
전주 화약기 (1894. 5.) 집강소 설치	동학 농민군의 전주성 입성과 전주 화약 체결	동학 농민군은 외국 군대의 철병 요구와 폐정 개혁(폐정 개혁안 12조)을 조건으로 정부와 전주 화약을 체결하고 해산, 집강소 설치 → 6. 11. 교정청 설치 → 6. 21. 경복궁 침범(일본) → 6. 23. 청 · 일 전쟁 발발 → 6. 25. 1차 갑오개혁
2차 농민 봉기 (1894. 9.)	일본의 경복궁 점령, 내정 간섭	전봉준의 남접과 손병희의 북접이 논산에서 연합 → 공주 우금치에서 일본군에 패배 → 전봉준 등 지도자 체포, 양반들이 조직한 민보군도 동학 탄압

16 [이상설]　▶④

제시된 자료는 이상설에 대해 설명하고 있다. ④ 이상설은 홍범도, 유인석 등과 함께 연해주에서 권업회를 조직하고, 한인 사회의 단결과 권익 증진을 위해 노력하였다.

17 [형평 운동(조선 형평사)]　▶③

제시된 자료는 조선 형평사 창립 취지문으로, 1923년부터 전개된 형평 운동과 관련된 내용이다. 1923년 4월 경상남도 진주에서 이학찬을 비롯한 백정들이 조선 형평사를 창립하면서 형평 운동이 시작되었다. ③ 백정들은 자신들에 대한 차별 대우를 폐지하여 저울처럼 평등한 세상을 만들겠다는 의지를 모아, 경남 진주에서 조선 형평사를 창립하고 형평 운동을 전개하였다.

오답해설 ① 근우회에 대한 설명이다. ② 천도교 소년회에 대한 설명이다. ④ 신민회에 대한 설명이다.

18 [대한 광복회] ▶②

제시된 자료는 대한 광복회의 강령 내용이다. 대한 광복회는 1915년 박상진을 중심으로 조직된 단체이다. 독립 전쟁에 필요한 군자금을 마련하기 위해 일본인의 재산을 빼앗고, 부자들에게 의연금을 걷었으며, 협조하지 않는 친일 부자들을 처단하기도 하였다. ② 대한 광복회는 박상진을 총사령으로 하는 군대식 조직을 갖추었으며, 국내와 만주에 지부를 설치하여 독립군을 양성하려 하였다.

[오답해설] ① 한인 애국단 등에 대한 설명이다. ③ 대한 광복회는 공화주의를 표방하였다. 복벽주의를 표방한 단체로는 독립 의군부 등이 있다. 복벽주의는 나라를 되찾고 임금을 다시 세우겠다는 주장으로, 대한 제국의 회복을 추구하는 독립운동 이념이다. ④ 신간회에 대한 설명이다.

19 [4·19 혁명] ▶③

제시된 자료는 서울 문리대 4·19 선언문의 내용이다. ③ 1980년 5·18 민주화 운동 당시의 일이다. 공수 부대원이 투입되어 시위를 벌이던 전남대 학생들을 무자비하게 진압하자 분노한 시민들이 합류하면서 시위가 확산되었다. 그러자 신군부는 5월 21일 시위 진압 과정에서 시민들을 향하여 총을 쏘았고, 이에 맞서 시민들은 경찰서에 있는 무기를 빼앗아 스스로 무장하고 시민군을 조직하였다.

[오답해설] ① 1960년 3·15 부정 선거(제4대 정·부통령 선거)가 직접적인 원인이 되어 4·19 혁명이 일어났다. ② 4·19 혁명 당시 대학 교수단의 시국 선언문이 발표되었으며, 이를 계기로 시위가 더욱 확대되었다. ④ 4·19 혁명에 대한 설명이다.

[개념정리] 4·19 혁명

배경	이승만의 장기 독재, 미국의 경제 원조 축소로 인한 경기 침체, 3·15 부정 선거(직접적 원인)
3. 15.	마산의 부정 선거 항의 시위: 경찰이 군중에 발포 → 7명 사망, 마산에서 김주열 군(17세)의 시신이 발견된 후 대대적 시위 발생(4. 11.) → 전국으로 시위 확산
4. 19.	서울 대규모 시위: 주요 대학과 고등학생, 시민들이 대거 시위 참가 → 경찰이 시위대에 무차별 발포하여 서울에서만 약 130명 사망 → 계엄령 선포
4. 25.	대학 교수 시국 선언과 시위(4. 25.) → 이승만 대통령 사임(4. 26.) → 허정 과도 정부 수립
의의	• 학생과 시민이 중심이 되어 독재 정권을 무너뜨린 민주주의 혁명(아시아 최초) • 민주주의 발전의 밑바탕, 통일 운동의 활성화 계기

20 [1차 한·일 협약] ▶③

제시된 자료는 1904년 8월에 체결된 1차 한·일 협약의 내용이다. ③ 1차 한·일 협약에 따라 미국인 스티븐스가 외교 고문으로 부임하였다.

[오답해설] ① 1907년 한·일 신협약(정미 7조약)의 부속 각서에 따라 대한 제국의 군대가 해산되었다. ② 러·일 전쟁은 1차 한·일 협약 체결 이전인 1904년 2월에 발발했기 때문에 시기상 적절하지 못하다. ④ 을사조약에 대한 설명이다.

한국사 정답 및 해설

8회차 문항분석표

구분	정치	경제	사회	문화
선사	1			
고대	2, 3, 13			12
중세	7	14		
근세	4, 8			
근대 태동기	9, 10			5
근대 개항기	15, 17			
일제 강점기	11, 16, 18, 19			
현대	20			
통합	6			

✓ 제8회 모의고사 정답

01 ④	02 ②	03 ④	04 ④	05 ①
06 ②	07 ②	08 ④	09 ④	10 ②
11 ④	12 ②	13 ③	14 ①	15 ④
16 ①	17 ④	18 ③	19 ④	20 ④

01 [삼한]　　▶④

제시된 자료는 삼한의 제천 행사에 대한 내용이다. ④ 삼한은 여러 개의 소국들로 구성된 연맹체였다. 기록에 의하면 마한에는 54개, 진한과 변한에는 각각 12개의 소국이 있었다고 전해진다.

오답해설 ① 동예에 대한 설명이다. 동예는 각 부족마다 생활권이 구분되어 있어서 다른 부족의 영역을 침범하면 책화라고 하여 노비, 소, 말 등으로 변상하였다. ② 고구려에 대한 설명이다. ③ 고구려는 약탈해 온 식량을 보관하는 작은 창고를 집집마다 만들었는데, 이를 부경이라 하였다.

02 [진흥왕]　　▶②

제시된 자료의 밑줄 친 '왕'은 진흥왕을 일컫는다. ② 진흥왕에 대한 설명이다. 신라는 법흥왕 때 금관가야를, 진흥왕 때 대가야를 각각 정복하였다.

오답해설 ① 신문왕에 대한 설명이다. ③ 법흥왕에 대한 설명이다. ④ 신라 하대인 원성왕 때의 일이다.

개념정리 6세기 신라의 발전

지증왕	• 대내 : 신라는 국호 사용, 왕호를 마립간에서 왕으로 변경, 주군(州郡) 제도 마련, 이사부를 실직주의 군주로 삼음(최초 군주 파견), 순장 금지하여 노동력 확보, 우경 보급, 동시(시장)와 동시전(시장 감독 관청) 설치 • 대외 : 이사부를 보내 우산국(울릉도) 복속
법흥왕	• 대내 : 병부 설치(517), 율령 반포(520), 백관 공복 제정(17관등제), 이차돈의 순교로 불교 공인(527), 상대등 설치(531), 독자적 연호인 건원 제정(536) • 대외 : 대가야 이뇌왕과 결혼 동맹(522), 울진 봉평비 건립(524), 금관가야를 완전히 정복(532)
진흥왕	• 대내 : 화랑도 개편, 거칠부로 하여금 『국사』 편찬, 품주 설치, 개국 · 대창 · 홍제 등의 연호 사용 • 대외 : 한강 유역 확보 후 관산성 전투(554), 당항성 설치, 이사부를 앞세워 대가야 공격 및 복속(562), 함흥평야 진출

03 [삼국의 발전 과정]　　▶④

ⓔ 4세기 고구려 미천왕 때 낙랑군을 점령하여 한 군현 세력을 한반도에서 몰아냈다. ⓒ 5세기 백제 개로왕 때 장수왕의 공격을 받아 475년 한성이 함락되었다. 이 과정에서 왕이 전사하였고 한강 유역을 상실하였다. ⓛ 6세기 백제 성왕은 가야와 연합하여 신라를 공격했지만, 성왕은 관산성 전투에서 전사하였다. ⓖ 645년 고구려의 안시성 전투에 대한 설명이다.

04 [세조]　　▶④

제시된 자료는 성삼문 등 사육신이 주도한 단종 복위 운동과 관련된 내용으로, 밑줄 친 '그'는 세조를 일컫는다. ④ 조선 세조 때 지방 세력을 견제하고 중앙 집권을 강화하기 위해 유향소를 폐지하였다.

오답해설 ① 세종은 왕이 신하들과 함께 경전을 읽으며 정책을 토론하는 경연을 강화하였다. 그러나 세조는 자신을 비판하는 언론 활동을 제한하기 위해 집현전과 경연을 폐지하였다. ② 세종 때 공법을 시행하여 토지의 비옥도와 풍흉의 정도에 따라 조세를 부과하였다. ③ 성종은 훈구 세력을 견제하기 위해 사림 세력을 중용하였다.

05 [박제가]　　▶①

제시된 자료는 박제가가 주장한 소비론의 내용이다. ① 박제가는 청에 사신으로 다녀온 경험을 토대로 『북학의』를 저술하였다.

오답해설 ② 「양반전」은 박지원의 한문 소설로, 양반 계급의 위선을 비판하였다. ③ 유형원에 대한 설명이다. ④ 김정희는 『금석과안록』을 지어 북한산비가 신라 진흥왕 순수비임을 밝혔다.

06 [평양(서경)]　　▶②

제시된 자료의 밑줄 친 '이곳'은 평양(서경)이다. ② 고려 원종 때 최탄의 투항으로 원나라는 자비령 이북의 땅을 차지했으며, 평양(서경)에 동녕부를 설치하였다. 이후 충렬왕 때 동녕부는 고려에 반환되었다.

오답해설 ① 660년 나 · 당 연합군은 백제를 멸망시킨 후, 백제의 옛 영토를 다스리기 위해 공주에 웅진 도독부를 설치하였다. ③ 전남 강진 지역에 대한 설명이다. ④ 망이 · 망소이의 난은 공주 명학소에서 발생하였다.

07 [고려의 대외 관계]　　▶②

ⓛ 거란의 2차 침입 때의 일이다. ⓔ 거란의 3차 침입을 격퇴한 이후, 고려는 천리장성을 축조(1033~1044, 덕종~정종)하였다. ⓖ 몽골의 2차 침입 때의 일이다. ⓒ 홍건적의 2차 침입 때 개경이 함락되어 공민왕은 복주(안동)로 피난하였다.

08 [광해군]　　▶④

제시된 자료는 광해군 때의 중립 외교 정책과 관련된 내용이다. ④ 계해약조는 조선 전기인 세종 때 체결된 조약이다. 광해군 때는 일본과 기유약조를 체결하여 제한된 범위의 교섭을 허용하였다.

오답해설 ① 광해군은 창덕궁과 창경궁을 재건하고, 경운궁과 경덕궁을 건설하였다. ②,③ 광해군 때의 일이다.

09 [영조]　　▶④

제시된 자료는 경종 때 일어난 신임사화 과정에 대해 서술한 것으로, 밑줄 친 '연잉군'은 영조를 일컫는다. ④ 순조 때 일부 공노비를 제외하고 중앙 관청의 노비 6만 6천여 명을 해방시켰다.

오답해설 ① 영조 때 신문고를 다시 부활하였다. ②,③ 영조의 업적이다.

10 [훈련도감]　　▶②

제시된 자료와 관련된 군사 조직은 훈련도감이다. ② 훈련도감은 포수, 사수, 살수의 삼수병으로 편제되었다.

오답해설 ① 속오군에 대한 설명이다. ③ 비변사에 대한 설명이다. ④ 총융청, 수어청 등에 대한 설명이다. 훈련도감은 선조 재위 기간인 임진왜란 중에 설치되었다.

11 [지청천] ▶④

제시된 자료는 독립운동가인 지청천의 활동에 대해 설명하고 있다. 북만주의 지청천이 이끄는 한국 독립군은 중국 호로군과 연합하여 사도하자, 대전자령 등지에서 일본군에 대승을 거두었다. ④ 1940년 임시 정부의 정규군으로 창설된 한국 광복군은 지청천을 총사령관으로 삼았다.

오답해설 ① 권업회는 이상설, 홍범도, 유인석 등이 한인 사회의 단결과 권익을 위해 조직한 자치 단체이다. ② 이승만에 대한 설명이다. ③ 이봉창·윤봉길 등에 대한 설명이다

개념정리 무장 독립 전쟁

〈1920년〉

| 1. 독립군의 편성 | (← 3·1운동) |

| 2. 독립군의 활약 |

- 봉오동 전투(1920. 6.) : 대한 독립군(홍범도) 外
- 청산리 대첩(1920. 10.) : 북로 군정서(김좌진) 外, 독립군 항전 사상 최대 승리

| 3. 독립군의 시련 |

- 간도 참변(1920. 10.~1921. 4.) → 밀산부 한흥동 → 대한 독립군단 조직(서일) → 소련
- 자유시 참변(1921) : 소련 적색군의 배신

| 4. 독립군의 재편성 |

3부의 성립 : 딘정 + 군정 – 參의부(임정 직할 부대), 政의부, 新민부

| 5. 미쓰야 협정 | (1925) 만주 군벌과 비밀 협정 → 독립군 시련 |

| 6. 독립군의 통합 | 3부 통합 운동 → 한국 독립 유일당 북경 촉성회(1926, 민족 유일당) |

北만주 – 혁신 의회(1928) → 한국 독립당(한국 독립군, 지청천)
南만주 – 국민부(1929) → 조선 혁명당(조선 혁명군, 양세봉)

〈1930년대〉 한·중 연합 작전

| 7. 만주 – 한·중 연합 |

韓국 독립군(지청천) + 중국 호로군 → 쌍성보, 대전자령 전투
朝선 혁명군(양세봉) + 중국 의용군 → 영릉가, 흥경성 전투

| 8. 항일 유격대의 활동 |

동북 인민 혁명군(1933) → 동북 항일 연군(1936) + 조국 광복회(1936, 민족 통일 전선) → 보천보 전투(1937)

| 9. 중국 – 한·중 연합 |

조선 민족 혁명당　朝선 의용대(1938)
　　　　　　　　조선 의용대(김원봉) VS 조선 의용대(화북 지방) → 조선 의용군(김두봉)
충칭 정부　　　韓국 광복군(1940)
　　　　　　　　대일 선전 포고(1941), 인도·미얀마 전선 파견, 국내 진입 작전 준비

12 [원효] ▶②

제시된 자료는 원효에 대한 내용이다. ② 원효는 『대승기신론소』·『금강삼매경론』 등의 주석서와 일심 사상을 바탕으로 한 『십문화쟁론』 등을 저술하였다.

오답해설 ① 의천에 대한 설명이다. ③ 의천과 지눌에 대한 설명이다. ④ 원광에 대한 설명이다.

13 [발해] ▶③

ⓒ 발해의 지방 제도에 대한 설명이다. ② 발해는 좌사정과 우사정이 각각 3부씩 나누어 맡는 이원적 통치 체제를 운영하였다.

오답해설 ③ 고려 시대의 정치적 특징이다. 고려는 고위 관리인 재신과 추밀이 참석한 재추 회의에서 국가의 중대사를 논의하였다. ② 고구려의 지방관 파견에 대한 설명이다. 발해는 도독, 자사 등의 지방관들을 파견하였다.

14 [고려의 경제] ▶①

제시된 자료는 고려 시대의 특수 행정 구역인 향·소·부곡에 대해 서술한 내용이다. ① 고려 공민왕 때 문익점이 원나라에서 목화씨를 가져와 목화 재배가 시작되었다.

오답해설 ② 조선 후기에 들어와 전란을 겪으면서 기근에 대비한 구황 작물의 필요성이 높아졌다. 이에 따라 고구마, 감자 등의 작물이 널리 재배되었다. ③ 17세기 인조 때 상평통보를 최초로 주조하여 개성을 중심으로 사용했으나, 전국적인 유통에는 실패하였다. 이후 숙종 때 상평통보가 법화로 채택되어 전국적으로 유통되었다. ④ 조선 전기긴 15세기 말에 장시가 처음 발생하였다. 보부상들은 시장(장시)을 중심으로 봇짐이나 등짐을 지고 다니며, 일용 잡화·농수산물·수공업 제품 등을 판매하였다.

15 [통상 수교 거부 정책] ▶④

(가)는 1866년 9월에 일어난 병인양요, (나)는 1871년에 일어난 신미양요에 대한 설명이다. ④ 1868년 미국의 사주를 받은 독일 상인 오페르트 등은 흥선 대원군의 아버지인 남연군의 묘를 도굴하려 하였으나 충청도 덕산 주민들의 저항으로 실패하였다.

오답해설 ① 1875년 일본은 군함 운요호를 강화도 초지진에 파견하여 조선 측의 발포를 유도하고, 살인과 약탈을 저지르고 돌아갔다. ② 신미양요 이후 흥선 대원군은 전국 각지에 척화비를 건립하여 통상 수교 거부 의지를 밝혔다. ③ 1866년 1월 러시아의 남하에 위협을 느낀 흥선 대원군은 프랑스 선교사를 통해 프랑스의 힘을 빌리고자 했으나 실패하였다. 이런 상황에서 천주교를 금지하라는 여론이 높아지자 흥선 대원군은 프랑스 선교사 9명과 신자 8천여 명을 처형하는 병인박해를 일으켰다.

개념정리 통상 수교 거부 정책

연도	사건	내용
1866	병인박해	프랑스 신부 9명과 8천여 명의 천주교 신자 처형
	제너럴셔먼호 사건	미국 상선 제너럴셔먼호가 평양에 와서 통상을 요구하다 충돌
	병인양요	·병인박해 구실로 프랑스 함대 침입 → 프랑스군, 강화도 점령 ·문수산성(한성근), 정족산성(양헌수)에서 저항 → 프랑스군 퇴각(외규장각 문화재 약탈)
1868	오페르트 도굴 사건	독일 상인 오페르트가 충남 덕산에 있는 대원군의 아버지인 남연군 무덤 도굴 시도 → 발각
1871	신미양요	·제너럴셔먼호 사건을 빌미로 미국 함대가 강화도 침략 ·광성보에서 어재연 부대의 강력한 저항에 부딪힘. → 철군
	척화비 건립	통상 수교 거부 정책 강화, 전국 각지에 척화비 건립

16 [일제 강점기의 정치 상황] ▶①

제시된 자료는 1925년에 체결된 미쓰야 협정의 내용이다. ① 1920년 6월 봉오동 전투에 대한 설명이다.

오답해설 ② 일제는 조선어 학회가 독립운동을 한다는 구실로 회원들을 체포하고 강제로 해산시켰다. 이것이 1942년에 일어난 조선어 학회 사건이다. ③ 1920년대 중·후반 일제와 중국 군벌의 압박에 대처하기 위해 3부는 독립군 통합 운동을 전개하였다. 이로 인해 남만주 지역에서는 1929년 국민부가 결성되었고, 북만주 지역에서는 1928년 혁신 의회가 조직되었다. ④ 동아일보는 1931년부터 브나로드 운동이라는 농촌 계몽 운동을 전개하였다. 브나로드 운동이 학생을 중심으로 확대되자 조선 총독부는 1935년 이를 민족 운동으로 규정하여 강제로 중단시켰다.

17 [대한 자강회] ▶④

제시된 자료는 대한 자강회에서 발표한 설립 취지문의 내용이다. ④ 대한 자강회는 고종 황제의 강제 퇴위와 정미 7조약 체결에 반대하는 운동을 주도하다가 1907년 보안법에 의해 강제 해산되었다.

오답해설 ① 신민회는 자기 회사와 태극 서관 등을 설립하여 민족 산업을 육성하려 하였다. ② 1909년경부터 일제의 탄압이 심화되고 한국 병합이 본격화되자, 신민회는 국내에서의 실력 양성 운동만으로는 나라의 주권을 회복하기 어렵다고 판단하였다. 이에 국외 무장 투쟁 노선을 채택하여 장기적인 독립운동을 계획하였다. 만주에 독립운동 기지를 건설하고, 신흥 강습소를 세워 독립군을 양성하는 데 힘을 기울였다. ③ 신민회는 공화정에 바탕을 둔 근대 국민 국가 건설을 지향하였다.

18 [여운형] ▶③

제시된 자료에서 (가)에 들어갈 인물은 여운형이다. ③ 1919년 상하이에서 여운형이 중심이 되어 신한 청년당(단)을 조직하였다.

오답해설 ① 1948년 4월에 열린 남북 협상을 주도한 인물은 김구, 김규식 등이다. 여운형은 남북 협상 이전인 1947년에 암살되었다. ② 송진우와 김성수 등에 대한 설명이다. ④ 이승만에 대한 설명이다. 1946년 이승만은 정읍에서 남한만이라도 단독 정부를 수립해야 한다는 취지의 정읍 발언을 하였다. 여운형은 이승만의 정읍 발언(남한만의 단독 정부 수립)을 지지하지 않았으며, 오히려 남북한 통일 정부를 구성하기 위해 좌우 합작 위원회를 조직하였다.

19 [1910년대 일제의 정책] ▶ ④

제시된 자료에서 설명하고 있는 헌병 경찰제는 1910년대 무단 통치 시기에 시행되었다. 따라서 밑줄 친 '이 시기'는 1910년대 무단 통치 시기를 일컫는다. ④ 국가 총동원법은 민족 말살 통치 시기인 1938년에 제정된 법령이다.

[오답해설] ①,②,③ 모두 1910년대 추진된 정책들이다.

20 [1970년대 정치] ▶ ④

밑줄 친 '통일 주체 국민 회의'는 1972년 유신 헌법에 따라 설치되어 1980년 10월에 개정된 8차 헌법에 따라 폐지되었다. ④ 1980년 5월 광주에서 민주화 운동이 일어났으나, 신군부 세력에 의해 진압되었다.

[오답해설] ① 1948년 7월 17일의 일이다. ② 한·일 협정이 체결된 것은 1965년의 일이다. ③ 7·4 남북 공동 성명은 유신 헌법이 선포되기 이전인 1972년 7월에 발표되었다.

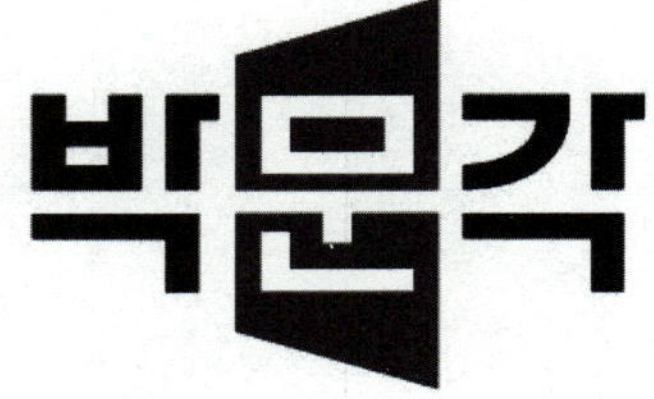

합격까지
박문각

한국사 정답 및 해설

9회차 문항분석표

구분	정치	경제	사회	문화
선사	1			
고대	2, 3			4
중세	5, 6, 7	8		
근세	9, 10			
근대 태동기	12	11		13
근대 개항기	14, 15, 18			
일제 강점기	16, 20			
현대	17, 19			

✓ 제9회 모의고사 정답

01 ④	02 ①	03 ④	04 ②	05 ④
06 ③	07 ④	08 ①	09 ③	10 ②
11 ①	12 ④	13 ②	14 ④	15 ①
16 ①	17 ④	18 ④	19 ①	20 ①

---

01 [옥저] ▶ ④

제시된 자료는 옥저의 위치와 정치 체제에 대한 내용이다. ④ 옥저의 장례 풍습에 대한 설명이다. 옥저에서는 사람이 죽으면 임시로 매장하였다가 나중에 뼈만 추려 커다란 목곽에 안치했으며, 한 집안 식구들을 하나의 곽에 묻는 독특한 풍습이 있었다.

오답해설 ① 삼한에서는 신지, 읍차 등으로 불리는 군장 세력이 성장하였고, 종교적 지배자로는 천군이 있었다. 이를 통해 삼한은 정치와 종교가 분리된 사회였음을 알 수 있다. ② 고구려는 건국 시조 주몽과 그 어머니 유화 부인을 섬겨 제사를 지냈다. ③ 중국 측 기록에 따르면 부여와 고구려는 1세기 초에 이미 왕호를 사용하고 있었다.

02 [삼국 통일 과정] ▶ ①

ⓒ 642년의 일이다. ⓔ 660년 백제 멸망 과정의 일이다. ㉠ 나·당 연합군이 평양성을 함락한 것은 668년의 일이다. ⓒ 676년 기벌포 전투에 대한 설명이다.

개념정리 삼국 통일 과정

648	나·당 연합군 결성	신라의 대중국 외교 성공(김춘추)
660	백제의 멸망	멸망 : 의자왕의 향락 정치로 인한 국가 일체감 상실, 무리한 전쟁 → 나·당 연합군 공격 → 사비성 함락
		웅진 도독부(5도독부)
		부흥 운동 : 복신과 도침(주류성), 흑치상지(임존성) 등은 왕자 풍을 왕으로 추대하고 200여 성을 회복 → 나·당 연합군에 의하여 진압
668	고구려의 멸망	멸망 : 계속된 전쟁, 연개소문 사후 지배층의 권력 쟁탈전으로 국론 분열 → 나·당 연합군의 평양성 공격 → 보장왕 항복
		안동 도호부(평양) : 설인귀
		부흥 운동 : 보장왕의 서자 안승을 받든 검모잠(한성)과 고연무(오골성) → 신라의 도움을 받기도 하였으나 실패
675	매소성 전투	이근행이 이끄는 당의 20만 대군 격파, 신라는 고구려·백제 유민과 연합
676	기벌포 전투	금강 하구의 기벌포에서 당의 수군 섬멸, 평양에 있던 안동 도호부를 요동성으로 축출 → 삼국 통일 완성(676)

03 [발해 문왕] ▶ ④

제시된 자료는 발해 문왕(737~793) 때의 정치 상황을 서술한 것이다. ④ 발해 문왕은 대흥, 보력 등 독자적인 연호를 사용하였다.

오답해설 ① 9세기 신라 흥덕왕 때의 일로, 이때 발해는 선왕이 집권하고 있었다. ② 발해 선왕의 업적이다. ③ 발해 무왕 때의 일이다.

04 [자장] ▶ ②

제시된 자료는 황룡사 9층 목탑의 건립 배경에 대한 내용으로, (가) 승려는 자장이다. ② 자장은 선덕 여왕 때 귀국하여 황룡사 9층 목탑을 세울 것을 건의하였다.

오답해설 ① 의상에 대한 설명이다. ③ 고려 승려인 의천의 교단 통합 운동에 대한 설명이다. ④ 원효에 대한 설명이다.

05 [고려 성종] ▶ ④

제시된 자료는 최승로의 시무 28조의 내용이다. 고려 성종은 중앙의 관리들에게 정책을 건의하도록 하였다. 이에 최승로는 시무 28조를 바치며 '불교는 수신(修身)의 근본이요, 유교는 치국(治國)의 근원이다.'라고 하여 유교 이념을 강조하였다. ④ 성종 때 압록강 일대의 강동 6주를 확보하여 압록강까지 영토를 확대하였다.

오답해설 ① 고려 광종 때 중용된 쌍기는 중국 후주(後周) 출신으로 사신으로 고려에 왔다가 귀화하였다. 광종은 그의 건의에 따라 과거제를 실시하였다. ② 고려 3대 국왕인 정종은 불교를 장려할 목적으로 광학보를 설치하였다. 광학보는 불교의 가르침을 배우는 사람들을 위하여 설치한 장학 기관이다. ③ 광종은 제위보를 설치하여 기금을 마련한 뒤 그 이자로 행려자나 빈민을 구제하였다.

06 [삼별초] ▶ ③

제시된 자료는 삼별초의 항쟁에 대해 서술한 내용이다. ③ 삼별초는 도적을 막기 위하여 야별초를 둔 데서 비롯하였다. 이후 야별초를 좌별초와 우별초로 나누었으며, 몽골군의 포로가 되었다가 도망쳐 온 자들로 신의군을 편성함에 따라 삼별초가 형성되었다.

오답해설 ① 삼별초는 최우가 설치한 부대이다. ② 고려 숙종 때 윤관의 건의로 설치된 별무반에 대한 설명이다. ④ 조선 후기에 설치된 훈련도감에 대한 설명이다.

07 [공민왕] ▶ ④

제시된 자료는 공민왕의 반원 정책과 관련된 내용이다. ④ 공민왕 때 유인우 등이 쌍성총관부를 공격하여 철령 이북의 땅을 수복하였다.

오답해설 ① 공양왕 때의 일이다. ② 충선왕은 아들인 충숙왕을 즉위시킨 뒤 원나라로 돌아가 연경에 만권당을 설립하였다. 중국 학자들인 조맹부, 요수 등을 초대하고 이제현 등 고려 학자들을 불러 교류하게 하였다. ③ 충렬왕 때의 일이다.

08 [전시과 제도] ▶ ①

① 전시과 제도에 따라 관리 등은 곡물을 수취할 수 있는 전지와 땔감을 얻을 수 있는 시지를 지급받았다.

오답해설 ② 녹읍과 식읍 등에 대한 설명이다. 녹읍을 받은 귀족들은 해당 지역에서 조세와 공물을 거두었으며, 노동력까지 동원할 수 있었다. ③ 과전법과 관련된 내용이다. ④ 과전법 등에 대한 설명이다. 전시과 제도는 전국의 토지를 대상으로 하였다.

09 [세종] ▶ ③

제시된 자료는 세종 때의 훈민정음 반포와 관련된 내용이다. ③ 세종 때 한양을 기준으로 천체 운동을 정확하게 계산한 칠정산을 편찬하였다. 칠정산은 천체의 위치를 계산하는 방법을 서술한 역법서로, 원의 수시력과 서역의 회회력을 참고로 하여 편찬되었다.

오답해설 ① 세조는 군역을 정군과 보인으로 고정시키는 보법을 시행하였다. ② 성종은 집현전을 계승한 홍문관을 설치하여 학문을 연구하고 정책을 토론·심의하였다. ④ 6조 직계제를 실시한 왕은 태종과 세조이다.

10 [붕당 정치의 전개 과정]　▶②

ⓛ 선조 때 정여립 모반 사건이 일어났다. 동인에 속한 정여립은 대동계라는 비밀 결사를 조직하고 역모를 도모했으나 실패하였다. 정철의 주도로 사건을 조사하면서 다수의 동인들이 처형되었다. ⓒ 광해군 때의 외교 정책에 대한 설명이다. 광해군은 명이 약해지고 북방 여진족이 강성해진 정세 변화를 인식하고 신중한 중립적 외교 정책으로 대처하였다. 여진족은 세력을 키워 후금을 세우고 명을 위협하였다. 명은 이를 방어하기 위해 조선에 군사 출병을 요구하였다. 조선은 왜란 때 명의 도움을 받았기 때문에 명의 요구를 거절할 수 없었다. 그러나 광해군은 후금과 적대 관계를 가지는 것이 현명하지 못하다고 판단하여, 강홍립으로 하여금 출병하게 한 후 정세를 보아 향배를 결정하도록 하였다. ⓒ 효종 때의 북벌 운동 추진에 대한 설명이다. 효종은 청에게 당한 수모를 설욕하기 위해 송시열, 이완 등을 중심으로 적극적인 북벌 운동을 계획하고 어영청을 2만여 명으로 확대하였다. ⓘ 현종 때 효종의 왕위 계승에 대한 정통성 문제를 놓고 두 차례의 예송이 일어나면서 붕당 간의 대립은 치열해졌다.

개념정리 예송 논쟁

구분	서인	남인
주장	왕사동례(王士同禮)	왕사부동례(王士不同禮)
성격	신권 강화	왕권 강화
예서	『주자가례』, 『가례집람』	고례(『예기』, 『주례』, 『의례』)
기해예송 (1659)	효종 사후 조대비(인조의 계비, 효종의 계모)의 복상 기간: 서인의 1년설 vs 남인의 3년설 → 1년설 채택 → 서인 승리, 남인 실각
갑인예송 (1674)	인선왕후(효종 비) 사후 조대비 복상 기간: 서인의 9개월설(대공설) vs 남인의 1년설 (기년설) → 1년설(기년설) 채택 → 남인 승리, 서인 실각

11 [대동법]　▶①

제시된 자료는 효종 때 우의정 김육이 대동법의 확대 실시를 주장한 내용이다. ① 대동법의 실시에 따라 집집마다 토산물을 부과하던 공물 납부 방식을 바꾸어 토지 결수를 기준으로 1결당 쌀 12두를 납부하게 하였다.

오답해설 ② 영정법에 대한 설명이다. 인조 때 정부는 연분 9등법 대신 영정법을 실시하여 풍년이건 흉년이건 관계없이 전세를 토지 1결당 미곡 4두로 고정시켰다. 이에 따라 전세의 비율이 이전보다 다소 낮아졌다. ③ 균역법에 대한 설명이다. ④ 균역법과 관련된 내용이다. 균역법의 실시로 군포를 2필에서 1필로 거두었기 때문에 재정이 감소되었다. 이에 따라 왕실에서 거두던 어장세, 선박세, 염세 등의 잡세를 균역청에서 거두어 보충하게 하였다.

12 [조선 숙종]　▶④

제시된 자료는 조선 후기 숙종 때의 정치 상황에 대해 서술한 것이다. ④ 조선 숙종 때 조선과 청은 대표를 파견해 백두산 일대를 답사하고 국경을 확정해 백두산 정계비를 세웠다.

오답해설 ① 철종 때의 일이다. ② 영조는 『속대전』을 편찬하여 법전 체계를 정비하였다. ③ 정조의 정책에 대한 설명이다. 정조는 신해통공 정책을 실시하여 육의전을 제외한 시전 상인의 금난전권을 폐지하였다. 이는 재정 확보와 상공업 진흥을 위해 자유로운 상행위를 허락한 것이다.

개념정리 숙종의 정책

경신환국 (1680)	• 유악 사건, 남인 역모 사건을 계기로 남인 축출, 서인 정권 수립 • 경신환국 이후 남인에 대한 처벌을 놓고 서인은 노론과 소론으로 분열
기사환국 (1689)	희빈 장씨가 낳은 왕자를 세자(원자)로 책봉하는 것을 서인이 반대 → 서인 축출, 남인 재집권 → 인현 왕후 민씨 폐위, 희빈 장씨를 왕비로 책봉
갑술환국 (1694)	서인(노론)이 폐비 민씨(인현 왕후) 복위 운동을 전개, 이를 계기로 남인이 서인 탄압 시도, 숙종은 오히려 남인을 숙청 → 폐비 민씨 복위, 중전 장씨는 희빈 강등 → 남인 몰락, 서인 집권
대내 정책	• 금위영 설치, 대동법 전국 실시, 상평통보 법화 채택, 삼남 지방에 대한 양전 완료 • 창덕궁 안에 대보단 설치(명나라 신종 제사)
대외 정책	• 안용복 사건(울릉도가 우리 영토임을 확인) • 백두산정계비 건립(1712, 청나라와의 국경 확정)

13 [홍대용]　▶②

제시된 자료는 홍대용이 주장한 내용이다. ② 홍대용은 중국이 세계의 중심이라는 생각을 비판하였다.

오답해설 ① 박지원에 대한 설명이다. ③ 정약용에 대한 설명이다. ④ 박제가의 소비론에 대한 설명이다. 소비를 우물물에 비유하여 생산을 자극하기 위해서 절약보다는 소비를 권장해야 한다고 주장하였다.

14 [갑신정변]　▶④

제시된 자료는 1884년에 일어난 갑신정변의 발발과 관련된 내용이다. ④ 조·청 상민 수륙 무역 장정은 임오군란 진압 직후인 1882년에 체결된 조약으로, 갑신정변 이전의 일이다.

오답해설 ① 갑신정변은 김옥균, 박영효 등 급진 개화파가 주도하였다. ② 갑신정변을 주도한 세력은 입헌 군주제적 정치 체제를 추구하였다. ③ 갑신정변에 대한 내용이다.

개념정리 갑신정변

배경	민씨 정권의 개화 세력 탄압, 청·프 전쟁으로 청군의 일부 철수, 일본의 지원 약속
전개	우정국 개국 축하연 계기로 정변 단행 → 개화당 정부 수립(14개조 정강) → 청 개입으로 실패
결과	• 청의 내정 간섭 강화, 개화 운동의 흐름 약화, 한성 조약과 톈진 조약 체결 • 한성 조약(1884): 조·일, 일본에 배상금 지불, 공사관 신축 비용 부담 • 톈진 조약(1885): 청·일, 양국 군대 공동 철수, 군대 파병시 사전 통보, 동등한 파병권 확보(청·일)
의의	최초로 입헌 군주제 추구, 봉건적 신분 제도 타파 추구 → 근대화 운동의 선구
한계	위로부터의 개혁, 민중의 지지 ×, 외세 의존적(일본)

15 [정미 7조약]　▶①

제시된 자료는 1907년에 체결된 정미 7조약(한·일 신협약)의 내용이다. 일제는 헤이그 특사 파견을 계기로 고종을 강제 퇴위시키고, 정미 7조약 체결을 강요하였다. ① 정미 7조약에 따라 통감의 권한이 더욱 강화되어 법령 제정과 고위 관리 임면 등을 통감이 승인하였다.

오답해설 ② 을사늑약에 대한 설명이다. ③ 1910년에 체결된 한·일 병합 조약에 관한 설명이다. ④ 일본은 러·일 전쟁에서 우세해지자 한국에 '재정 및 외교 고문 용빙에 관한 한·일 각서(제1차 한·일 협약)'의 체결을 강요하여 재정 고문으로 일본인 메가타를, 외교 고문으로 미국인 스티븐스를 고용하였다. 제1차 한·일 협약에 따라 재정 고문으로 부임한 메가타는 1905년 화폐 정리 사업을 추진하였다.

16 [1920년대 무장 독립 투쟁]　▶①

제시된 자료는 1920년대에 전개된 소년 운동에 대해 서술한 것이다. ① 1920년 간도 참변 이후 독립군 부대들은 러시아 자유시로 이동하였다. 이때 소련 정부는 일본의 요구에 따라 독립군 부대에게 무장 해제를 지시하였다. 이 과정에서 수백 명의 독립군이 희생되는 자유시 참변(1921)이 일어났다.

오답해설 ② 북만주의 지청천이 이끄는 한국 독립군은 중국 호로군과 연합하여 1933년 대전자령에서 일본군에 대승을 거두었다. ③ 1938년 중국 관내(우한)에서 조선 의용대가 조직되었다. ④ 임시 정부를 고수하려는 김구는 민족 혁명당에 참가하지 않고, 1935년에 한국 국민당을 창당하였다.

17 [현대의 정치]　▶④

발췌 개헌이 통과된 것은 1952년의 일이고, 장면 내각이 출범된 것은 1960년 8월의 일이다. ④ 이승만 정부 때인 1949년 제헌 국회는 유상 매수, 유상 분배를 내용으로 하는 농지 개혁법을 제정하였다.

오답해설 ① 1958년 이승만 정부는 평화 통일을 주장하던 조봉암을 비롯한 진보당 간부들에게 간첩 혐의를 씌워 구속하였고(진보당 사건), 이듬해인 1959년에 조봉암을 사형시켰다. ② 자유당은 이승만의 장기 집권을 위해 '초대 대통령에 한해 중임 제한을 철폐한다.'는 내용의 헌법 개정안을 국회에 제출했다. 개헌안은 정족수 1명이 모자라 부결됐으나, 이틀 후 자유당은 사사오입 논리를 내세워 개헌안 통과를 선포하면서 1954년 사사오입 개헌이 통과되었다. ③ 1960년 4대 정·부통령 선거 운동 중에 민주당 후보인 조병옥이 갑자기 병사하면서 이승만의 당선이 확실시되자, 자유당은 이기붕을 부통령으로 당선시키기 위해 부정 선거를 추진하였다.

18 [근대의 정치 상황]　▶④

(가) 고종이 홍범 14조를 반포한 것은 1894년 12월의 일이고, (나) 신민회가 조직된 것은 1907년의 일이다. ④ 일제는 1908년 동양 척식 주식회사를 세워 황무지, 관청이나 역에 딸린 토지 등을 대규모로 약탈하였다.

오답해설 ① 1899년 대한 제국은 원수부를 설치하여 황제가 군사권을 장악하도록 하였다. ② 대한 제국은 1899년 대한국 국제를 반포하였다. ③ 1896년 4월 서재필은 정부의 지원을 받아 독립신문을 창간하였다.

19 [정부 수립 과정]　　　　　　　　　　　　　▶ ①

ⓛ 카이로 회담이 열린 것은 1943년의 일이다. ⓒ 1944년 여운형은 국내에서 비밀리에 조선 건국 동맹을 조직하였다. ⓣ 1946년 3월 서울 덕수궁에서 1차 미·소 공동 위원회가 개최되었다. ⓔ 1948년 2월 유엔 소총회에서 선거가 가능한 남한 지역만이라도 선거를 실시해야 한다는 미국의 결의안이 채택되었다.

20 [김원봉]　　　　　　　　　　　　　　　　▶ ①

제시된 자료의 밑줄 친 '그'는 김원봉이다. ① 김원봉의 의열단이 중심이 되어, 민족 독립운동의 단일 정당을 목표로 민족 혁명당을 결성하였다.

오답해설 ② 양세봉에 대한 설명이다. ③ 안창호 등에 대한 설명이다. ④ 한인 애국단 소속인 이봉창에 대한 설명이다.

합격까지

박문각

한국사 정답 및 해설

10회차 문항분석표

구분	정치	경제	사회	문화
선사	1			
고대	2, 3			5
중세	4, 9			6
근세	7, 8, 12			
근대 태동기		10		11
근대 개항기	13, 14			
일제 강점기	15, 16, 17			18
현대	19, 20			

ⓧ 제10회 모의고사 정답

01 ③	02 ①	03 ③	04 ②	05 ②
06 ①	07 ①	08 ④	09 ③	10 ④
11 ④	12 ②	13 ③	14 ④	15 ①
16 ①	17 ②	18 ④	19 ④	20 ②

01 [구석기 시대]　▶③

제시된 자료는 구석기 시대의 주거 생활과 주요 유적지를 정리한 것이다. ③ 구석기 시대는 계급이 존재하지 않는 평등 사회였고, 경험이 많은 자나 연장자가 무리를 이끌었다.

오답해설 ① 신석기 시대와 청동기 시대에는 돌을 갈아 만든 간석기를 사용하였다. ② 미송리식 토기는 청동기 시대의 대표적인 토기이다. ④ 신석기 시대와 청동기 시대에는 주로 나무나 돌 등으로 만든 농기구를 사용하였다.

02 [금관가야]　▶①

제시된 자료는 금관가야의 건국 신화이다. ① 금관가야는 낙동강 하류에 도읍하고 있었으며, 해상 교통을 이용하여 낙랑과 왜의 규슈 지방을 연결하는 중계 무역이 발달하였다.

오답해설 ② 대가야에 대한 설명이다. 김해 지역의 금관가야는 신라 법흥왕 때 병합되었다. ③ 대가야에 대한 설명이다. 400년 고구려 광개토 대왕이 신라에 침입한 왜를 격퇴하는 과정에서 금관가야까지 공격을 받았고, 큰 타격을 입은 금관가야는 맹주로서 지위를 잃게 되었다. 이렇게 금관가야가 쇠퇴하자 고구려군으로부터 직접적인 피해를 입지 않은 고령의 대가야가 후기 가야 연맹을 주도하였다. ④ 신라는 화백 회의에서 귀족들이 모여 국가의 중요한 일을 만장일치로 결정했는데 상대등이 의장 역할을 하였다. 화백 회의는 신라 6부의 전통을 계승한 것으로, 여기서 국왕을 폐위시키거나 새로운 국왕을 추대하기도 하였다.

03 [장수왕]　▶③

제시된 자료는 중원 고구려비이며, 밑줄 친 '고려대왕 상왕공'은 장수왕을 일컫는다. ③ 장수왕은 427년 평양으로 도읍을 옮기고, 적극적인 남진 정책을 추진하였다.

오답해설 ① 소수림왕, ② 미천왕, ④ 광개토 대왕 때의 일이다.

04 [고려 숙종]　▶②

제시된 자료는 고려 숙종 때의 화폐 상황에 대해 서술한 것이다. ② 고려 숙종 때 국왕의 후원을 받은 의천은 국청사를 세우고, 국청사를 중심으로 천태종을 창시하여 교종의 입장에서 선종을 포섭하였다.

오답해설 ① 예종 때의 일이다. ③ 성종 때의 일이다. ④ 예종 때부터 속현에 감무를 파견하기 시작하였다.

05 [무령왕릉]　▶②

제시된 자료의 밑줄 친 '이 무덤'은 무령왕릉이다. ② 무령왕릉은 중국 남조의 영향을 받아 연꽃 등의 화려한 무늬를 새긴 벽돌로 무덤을 쌓았다.

오답해설 ① 무령왕릉은 벽돌무덤이다. ③ 무령왕릉에는 벽화가 존재하지 않는다. ④ 돌무지무덤에 대한 설명이다.

개념정리 고대 고분

고구려	돌무지무덤	장군총	7층 계단식 무덤
백제	돌무지무덤	석촌동 고분군	백제의 건국 세력이 고구려와 같은 부여 계통
	벽돌무덤	무령왕릉	공주 송산리, 중국 남조 양나라 양식, 도교 영향, 석수·지석·매지권·양나라 동전·금관 등 다량의 유물 출토, 벽화 없음.
		송산리 6호분	공주 송산리, 벽화(소박한 형태의 사신도, 일월도)
	굴식 돌방무덤	능산리 고분	부여 능산리, 1호분에 벽화(연화문, 비운문, 사신도)
신라	돌무지덧널무덤	천마총	경북 경주, 금관 출토, 벽화 없음, 천마도(말의 배가리개에 그린 그림)
		호우총	경북 경주, 광개토 대왕의 명문이 새겨진 호우명 그릇 발견
		황남대총	경북 경주, 금관, 금제 허리띠, 서역 유리병 등 발견
가야	대성동 고분군(금관가야)		다량의 덩이쇠와 판갑옷 출토(가야의 높은 철제 기술)
	지산동 고분군(대가야)		44호분으로 구성, 금동관 출토
발해	굴식 돌방무덤	정혜 공주 묘	고구려 영향, 모줄임 천장 구조, 묘지, 돌사자상
	벽돌무덤	정효 공주 묘	당 영향, 묘지, 벽화(12명 인물도)
통일 신라	굴식 돌방무덤	경덕왕릉, 흥덕왕릉, 괘릉, 김유신 장군 묘 등	둘레돌에 12지 신상 조각, 화장의 유행(문무왕릉)

06 [『동명왕편』]　▶①

① 제시된 자료는 이규보가 편찬한 『동명왕편』에 대해 서술한 것이다. 『동명왕편』은 고구려를 세운 동명왕(주몽)의 건국 신화를 5언시로 재구성한 일종의 영웅 서사시로서, 고구려 계승 의식을 반영한 역사서이다.

07 [광해군]　▶①

제시된 자료는 『계축일기』의 기록으로, 인목대비가 비판하고 있는 (가) 인물은 광해군이다. ① 광해군은 이원익의 건의에 따라 대동법을 경기도에서 실시하였다.

오답해설 ② 조선 후기인 숙종 때의 일이다. ③,④ 16세기 중종 때의 정치 상황에 대한 설명이다.

08 [태종]　▶④

제시된 자료는 조선 태종 때의 6조 직계제 실시와 관련된 내용이다. ④ 조선 세종 때의 역사적 사실이다.

오답해설 ①,② 태종의 업적에 대한 설명이다. ③ 태종은 문하부의 낭사를 사간원으로 독립시켜 신권을 견제하였다.

09 [고려의 대외 관계(거란)]　▶③

제시된 자료는 고려 성종 때 거란의 1차 침입이 일어나자 서희가 소손녕과 외교 담판을 한 내용이다. ③ 여진과 관련된 내용이다. 예종 때 윤관은 별무반을 이끌고 여진을 정벌하였다.

오답해설 ① 고려 정종 때 광군을 조직하여 거란의 침입에 대비하였다. ② 거란의 2차 침입 때 양규가 흥화진에서 선전했으며, 3차 침입 때 강감찬이 귀주에서 거란군을 크게 물리쳤다. ④ 거란의 2차 침입 때의 일이다.

10 [조선 후기의 경제] ▶④

제시된 자료는 조선 후기의 대외 무역에 대한 내용이다. ④ 고려 시대의 경제 상황에 대한 설명이다.

오답해설 ① 조선 후기인 숙종 때 상평통보가 법화로 채택됨에 따라 동전이 전국적으로 유통되었다. ② 조선 후기의 경제 상황이다. ③ 조선 후기에 송상은 개성을 기반으로 활동하였다.

11 [정약용] ▶④

제시된 자료는 정약용이 저술한 『원목』의 내용으로, 이상적인 통치자의 모델을 제시하고 있다. ④ 정약용은 실학을 집대성하여 『목민심서』, 『경세유표』 등 500여 권의 저술을 남겼다.

오답해설 ① 이중환, ② 안정복, ③ 이익에 대한 설명이다.

개념정리 경세치용 학파

형성	경기 남인 중심	
특징	농촌 사회의 안정을 위한 각종 제도의 개혁 추구, 토지 제도 개혁을 가장 중시(중농주의)	
대표 학자	유형원	• 일평생 농촌에서 학문 연구, 『반계수록』과 『동국여지』 등 저술 • 균전론: 토지를 신분에 따라 차등 있게 분배, 이를 바탕으로 조세·군역 부과 • 결부법 대신 경무법 실시, 병농일치의 군사 제도와 사농일치의 교육 제도 주장
	이익	• 성호학파 형성(안정복·이중환 등 제자 양성), 『성호사설』과 『곽우록』 등 저술 • 한전론: 매 호마다 영업전 지급, 영업전 매매 금지(최소한의 땅 보전) • 6좀론: 6개 폐단(노비제, 과거제, 양반 문벌, 기교, 승려, 게으름) 지적 • 붕당론(제한된 관직 둘러싼 갈등 → 붕당 폐쇄), 폐전론(화폐 사용 비판) • 역사관: 도덕 중심의 사관 비판, 중국 중심의 세계관 탈피 • 역사를 움직이는 힘은 시대의 추세·운수·도덕 순서로 파악
	정약용	• 실학의 집대성: 이익 등 남인 계승+과학 기술과 상공업 발달 중요시(기예론, 거중기와 배다리 설계) • 토지 개혁론: 여전론(마을 단위의 토지를 공동 소유·공동 경작, 노동량에 따른 분배), 정전제(국가가 토지 매입하여 농민에게 분배, 자영농 육성) • 주요 저술: 『목민심서』(지방 행정 개혁), 『경세유표』(제도 전반 개혁), 『흠흠신서』(형옥에 관한 법률 지침서), 『탕론』(백성이 국가의 근본임을 강조), 『원목』(통치자는 백성을 위해 존재해야 함.), 『전론』(여전제 주장), 『아방강역고』, 『마과회통』 등 500여 권

12 [임진왜란] ▶②

ⓒ 1592년 4월의 일이다. ⓔ 1592년 7월에 발발한 한산도 대첩에 대한 설명이다. ⓕ 1593년 2월에 일어난 행주 대첩에 대한 설명이다. ⓖ 1598년에 일어난 노량 해전에 대한 설명이다.

개념정리 임진왜란

배경	일본 전국 시대 통일, 조선의 국론 분열과 국방력 약화	
임진 왜란	1592년	• 4월: 부산진(정발)·동래성(송상현) 함락, 상주(이일)·충주 탄금대 전투(신립) 패배 → 선조 파천(의주) • 5월: 옥포 해전(이순신 최초 전투), 사천 해전(이순신, 거북선 최초 사용) • 6월: 명군 참전, 왜군 평양 점령 • 7월: 한산도 대첩(이순신, 학익진), 승병(휴정) • 10월: 진주 대첩(김시민)
	1593년	• 1월: 평양성 전투 → 평양성 탈환 • 2월: 행주 대첩(권율) → 한양 수복 • 6월: 2차 진주성 전투 → 진주성 함락(논개) • 10월: 국왕 일행 한성 복귀
휴전 협상 기간	1594~ 1596년	• 조선 군제 재편성: 훈련도감, 속오군 • 명과 일본의 협상: 도요토미의 무리한 요구(명의 황녀를 일본 천황의 후궁으로 삼을 것, 조선 8도 중 4도를 일본에 이양 등) → 협상 결렬, 1597년 1월 일본 재침(정유재란)
정유 재란	1597년	• 7월: 칠천량 해전(원균) → 수군 전멸 • 9월: 직산 전투(조·명 연합군), 명량 대첩(이순신) → 전세 역전
	1598년	• 8월: 도요토미 히데요시 사망, 일본군 철수 시작 • 11월: 노량 해전(이순신 전사), 일본군 철수
결과	명나라 약화, 여진족의 세력 강화, 일본의 정권 교체(에도 막부 성립)	

13 [『조선책략』] ▶③

제시된 자료는 『조선책략』의 내용이다. ③ 1873년 최익현은 서원 철폐 조치 등에 반대하면서 흥선 대원군을 탄핵하는 상소를 올렸다. 이 상소를 계기로 흥선 대원군이 하야하고, 고종의 친정이 시작되었다. 그러나 실제로는 민씨 척족 세력이 정권을 장악하였다.

오답해설 ①,④ 『조선책략』과 관련된 내용들이다. ② 『조선책략』의 유포는 이만손 등 유생들의 반발을 불러일으켰다. 이만손 등은 '영남 만인소'를 올려 『조선책략』의 내용에 대해 비판하였다.

14 [열강의 이권 침탈(러시아)] ▶④

제시된 자료는 러시아의 이권 침탈과 관련된 내용으로, (가)는 러시아를 일컫는다. ④ 러시아는 아관 파천 이후 조선에 정치적 영향력을 강화하면서 삼림 채벌권(압록강·두만강·울릉도), 광산 채굴권 등의 각종 이권을 획득하였다.

오답해설 ① 영국, ② 미국, ③ 일본에 대한 설명이다.

15 [독립 의군부] ▶①

제시된 자료는 독립 의군부의 활동을 서술한 것이다. ① 독립 의군부는 의병장 출신의 임병찬이 고종의 밀지를 받고 전국 곳곳의 의병장과 유생을 모아 조직한 단체이다.

오답해설 ② 신민회에 대한 설명이다. ③ 보안회의 활동에 대한 설명이다. ④ 대한 광복회에 대한 설명이다. 풍기 광복단과 조선 국권 회복단의 일부 인사가 통합하여 만든 대한 광복회는 근대 국민 국가 수립을 지향하였다. 박상진을 총사령으로 하는 군대식 조직을 갖추었으며, 국내와 만주에 지부를 설치하여 독립군을 양성하려 하였다.

개념정리 1910년대 국내의 항일 운동

구분	활동
독립 의군부(1912)	• 의병장 임병찬을 중심으로 한 유생들이 조직 • 목표: 조선 왕조 회복, 고종 복위(복벽주의) • 국권 반환 요구서 제출 But 사전 발각되어 체포
대한 광복회(1915)	• 군대식 조직으로 총사령에 박상진·부사령에 김좌진 • 목표: 국권 회복, 공화주의 • 군자금 마련, 만주에 독립군 사관 학교 설립 시도
조선 국권 회복단	대종교를 신봉하는 이시영, 서상일 등 경북 유생들이 조직
송죽회	평양 숭의 여학교 여교사 중심, 교육을 통한 여성 계몽
조선 국민회	• 장일환이 숭실 학교 재학생과 기독교 청년들을 중심으로 조직 • 대조선 국민군단(하와이)의 국내 지부

16 [한국 광복군] ▶①

괄호 안에 들어갈 단체는 대한민국 임시 정부가 1940년에 창설한 한국 광복군이다. ① 한국 광복군은 독립을 직접 쟁취하기 위해 국내 진공 작전에도 심혈을 기울였다. 이에 미국과 협약을 맺어 국내 정진군을 조직하고 유격전에 필요한 특수 훈련을 받았다. 그리고 대원들을 국내에 침투시켜 무장 투쟁의 거점을 확보하고, 미군의 상륙과 때를 맞춰 궐기하여 우리 힘으로 일본군을 몰아내려는 계획을 세웠다. 그러나 일본의 갑작스런 항복으로 국내 진공 작전은 실현되지 못하였다.

오답해설 ② 조선 의용군은 중국 공산당 팔로군과 함께 항일전에 참여하였다. ③ 의열단에 대한 설명이다. ④ 조선 혁명군에 대한 설명이다. 조선 혁명군은 1934년 사령관 양세봉이 전사한 이후 세력이 약화되었다.

17 [연해주 지역의 독립운동] ▶②

제시된 자료는 연해주 지역의 한인 이주에 대해 서술한 내용이다. ② 연해주 지역에서는 자치 단체인 권업회가 조직되어 동포 사회를 이끌었다.

오답해설 ① 북간도 지역에 대한 설명이다. ③ 신흥 강습소는 1911년 남만주 삼원보 지역에 설립되었다. ④ 미주 지역에서 대한인 국민회가 조직되었다.

18 [신채호] ▶④

제시된 자료는 신채호가 저술한 『조선상고사』의 내용이다. ④ 백남운 등 사회 경제 사학자들은 사회주의의 영향을 받아 유물 사관의 입장에서 한국사를 연구하였다.

오답해설 ① 신채호에 대한 설명이다. ② 신채호는 '독사신론'을 통해 민족 중심의 역사 서술을 강조하여 민족주의 역사학의 연구 방향을 제시하였다. ③ 신채호에 대한 설명이다.

19 [현대의 정치] ▶ ④

(가) 7·4 남북 공동 성명이 발표된 것은 1972년 7월의 일이고, (나) 노태우 정부 시기인 1991년에 전개된 통일 정책들을 서술한 것이다. ④ 1987년 서울대생인 박종철이 고문으로 사망한 사건이 발생하였다. 이 사건은 6월 민주화 항쟁의 도화선이 되었다.

오답해설 ① 1961년의 일이다. ② 금융 실명제는 김영삼 정부 때인 1993년에 실시되었다. ③ 1965년의 일이다.

개념정리 주요 통일 정책

7·4 남북 공동 성명	1972	•자주·평화·민족적 대단결의 민족 통일 3대 원칙 •남북 조절 위원회 설치
남북 이산가족 고향 방문단 교환 방문	1985	최초로 남북 이산가족 고향 방문, 예술 공연단 교환 방문
남북 고위급 회담 시작	1990. 9.	정원식, 연형묵 대표 회담
남북 UN 가입	1991. 9.	남북이 UN에 동시 가입
남북 기본 합의서	1991. 12.	•남북 간의 화해와 불가침 및 교류·협력에 관한 합의서 •통일을 지향하는 과정에서 잠정적으로 형성되는 특수 관계 인정
한반도 비핵화 선언	1991. 12.	한반도 비핵화에 관한 공동 선언 채택(1991. 12. 31.)
금강산 관광 사업(해로)	1998	1998년 11월 금강호가 분단 후 처음으로 동해항에서 출발 (현대 그룹 주도)
6·15 남북 공동 선언	2000	•최초의 남북 정상 회담의 결과, 통일 문제의 자주적 해결 •남측의 '남북 연합제 안'과 북측의 '낮은 단계의 연방제 안'의 공통성 인정 •개성 공단 설치, 경의선 복구
10·4 남북 공동 선언	2007	•2차 남북 정상 회담의 결과로 발표 •상호 존중과 신뢰의 남북 관계로 전환 •종전 선언 협의

20 [조선 건국 준비 위원회] ▶ ②

제시된 자료는 조선 건국 준비 위원회의 강령이다. ② 조선 건국 준비 위원회는 미군의 진주에 대비해 협상에서 유리한 입장을 차지하고자 하였다. 이를 위해 전국 인민 대표 회의에서 조선 인민 공화국을 선포하였다.

오답해설 ①,③ 좌·우 합작 위원회 등에 대한 설명이다. ④ 미·소 공동 위원회에 대한 설명으로, 미·소 공동 위원회는 1946년과 1947년 두 차례 열렸다.

한국사 빠른 정답 찾기

제1회

| 01 ③ | 02 ② | 03 ① | 04 ④ | 05 ② | 06 ② | 07 ④ | 08 ④ | 09 ③ | 10 ① |
| 11 ③ | 12 ④ | 13 ③ | 14 ② | 15 ① | 16 ④ | 17 ② | 18 ② | 19 ③ | 20 ③ |

제2회

| 01 ③ | 02 ③ | 03 ② | 04 ② | 05 ④ | 06 ④ | 07 ② | 08 ④ | 09 ③ | 10 ③ |
| 11 ④ | 12 ④ | 13 ① | 14 ③ | 15 ④ | 16 ③ | 17 ④ | 18 ④ | 19 ④ | 20 ① |

제3회

| 01 ③ | 02 ④ | 03 ③ | 04 ① | 05 ③ | 06 ① | 07 ④ | 08 ① | 09 ② | 10 ④ |
| 11 ③ | 12 ④ | 13 ① | 14 ① | 15 ③ | 16 ④ | 17 ④ | 18 ④ | 19 ② | 20 ④ |

제4회

| 01 ④ | 02 ④ | 03 ③ | 04 ② | 05 ① | 06 ② | 07 ① | 08 ① | 09 ② | 10 ② |
| 11 ① | 12 ① | 13 ① | 14 ④ | 15 ② | 16 ② | 17 ① | 18 ② | 19 ① | 20 ③ |

제5회

| 01 ④ | 02 ③ | 03 ③ | 04 ④ | 05 ② | 06 ② | 07 ① | 08 ③ | 09 ④ | 10 ② |
| 11 ④ | 12 ③ | 13 ④ | 14 ④ | 15 ③ | 16 ④ | 17 ④ | 18 ② | 19 ② | 20 ① |

제6회

| 01 ② | 02 ③ | 03 ② | 04 ① | 05 ③ | 06 ② | 07 ④ | 08 ③ | 09 ① | 10 ④ |
| 11 ① | 12 ③ | 13 ① | 14 ③ | 15 ④ | 16 ④ | 17 ④ | 18 ③ | 19 ③ | 20 ④ |

제7회

| 01 ② | 02 ② | 03 ④ | 04 ③ | 05 ② | 06 ② | 07 ① | 08 ④ | 09 ③ | 10 ④ |
| 11 ④ | 12 ② | 13 ① | 14 ④ | 15 ① | 16 ④ | 17 ④ | 18 ④ | 19 ③ | 20 ③ |

제8회

| 01 ④ | 02 ② | 03 ④ | 04 ④ | 05 ① | 06 ② | 07 ② | 08 ④ | 09 ④ | 10 ② |
| 11 ④ | 12 ② | 13 ③ | 14 ① | 15 ④ | 16 ① | 17 ④ | 18 ③ | 19 ③ | 20 ④ |

제9회

| 01 ④ | 02 ① | 03 ① | 04 ② | 05 ④ | 06 ③ | 07 ④ | 08 ① | 09 ③ | 10 ② |
| 11 ① | 12 ④ | 13 ③ | 14 ④ | 15 ① | 16 ③ | 17 ④ | 18 ④ | 19 ④ | 20 ① |

제10회

| 01 ③ | 02 ① | 03 ③ | 04 ② | 05 ③ | 06 ① | 07 ① | 08 ④ | 09 ③ | 10 ④ |
| 11 ④ | 12 ② | 13 ③ | 14 ④ | 15 ① | 16 ① | 17 ② | 18 ④ | 19 ④ | 20 ② |